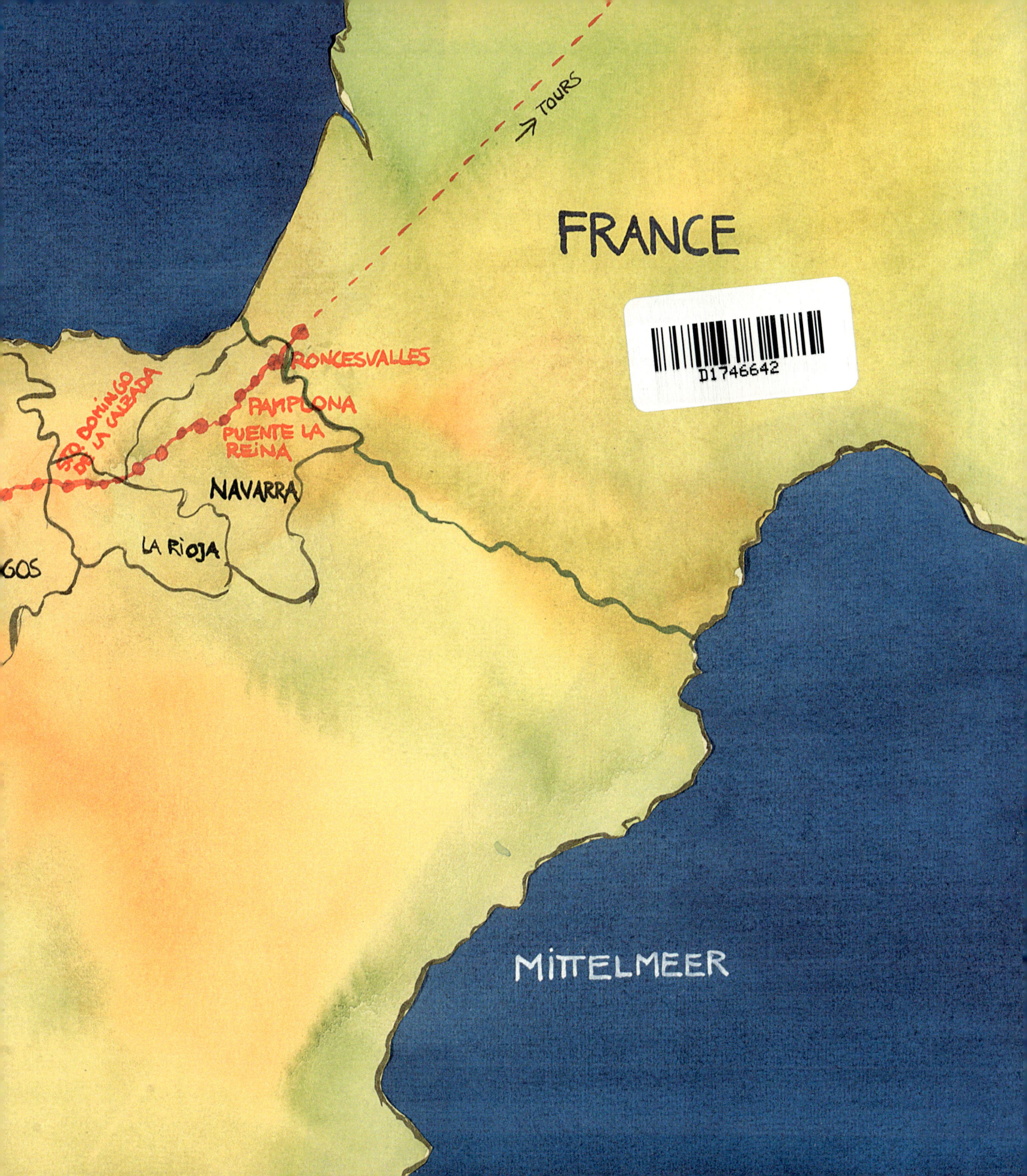

Omas Wunder-volle Reise

Bibliografische Information der Deutschen Nationalbibliothek:
Die Deutsche Nationalbibliothek verzeichnet diese Publikation in der Deutschen Nationalbibliografie; detaillierte bibliografische Daten sind im Internet über http://dnb.d-nb.de abrufbar.

1. Auflage

© 2008 BUCHER VERLAG, Hohenems – Wien
www.bucherverlag.com
Alle Rechte vorbehalten

Text: Elisabeth Ebenberger, Braz/A
Illustration: Barbara Steinitz, Berlin/D
Lektorat: Cornelia Wieczorek, Hohenems/A
Gestaltung: Bruno Reis, Hohenems/A
Lithografie: Günter König, Weiler/A
Druck: BUCHER Druck Verlag Netzwerk, Hohenems/A
Bindung: Eibert Buchbinderei AG, Eschenbach/CH
Printed in Austria

ISBN 978-3-902612-72-4

Elisabeth Ebenberger

OMAS WUNDERVOLLE REISE

Legenden und Geschichten vom Jakobsweg
Illustriert von Barbara Steinitz

BUCHER

Tage ohne Oma sind langweilig. Da gibt es keine Vorlesegeschichte. Da gibt es keinen Waldspaziergang. Da heißt es ständig: Martin, du bist alt genug, um dich selbständig zu beschäftigen. Da heißt es neuerdings sogar: Martin, du bist alt genug, um ein paar Stunden allein zu bleiben. Für Jakob, Martins kleinen Bruder, hat immer jemand Zeit, auch wenn Oma nicht da ist. Jakob ist noch nicht einmal ein Jahr alt, und es gibt da ein Problem mit seinen Ohren: Jakob scheint nicht zu hören. Jakob schreit auch nie, und er hat eine ganz komische Stimme. Mama geht täglich mit ihm zur Therapie. Und wenn ein besonderer Termin im Krankenhaus ansteht, nimmt sich sogar Papa Zeit und geht mit. Da heißt es dann wieder: Martin, du bist alt genug!

Bisher war immer Oma da. Ich bleib' gern bei Martin, sagte sie, geht ihr nur mit dem Kleinen. Zur Untersuchung. Zur Therapie. Ins Krankenhaus. Immer ist jemand mit Jakob unterwegs. Immer war Oma für Martin da. Aber jetzt ist Oma unterwegs. Martin ist – ja, alles zugleich ist er: traurig, wütend, beleidigt, einsam – und enttäuscht von Oma. Geht einfach weg! Einfach so, ohne ihn. Martin hat Lust auf Vorlesegeschichten. Martin hat Lust auf einen Waldspaziergang. Martin hat Sehnsucht nach seiner Oma, die sonst immer für ihn Zeit hat. Aber Oma ist unterwegs.

Martin heißt Martin, weil dieser Name seinen Eltern und der Oma besonders gut gefällt. Sie haben ihm schon oft die Geschichte vom heiligen Martin erzählt. Auch im Kindergarten zum Laternenfest und in der ersten Klasse im Religionsunterricht ist die Geschichte erzählt worden, wie der heilige Martin seinen Mantel mit einem armen Bettler geteilt hat. Martin hätte gerne gefragt, warum der heilige Martin, wenn er doch so berühmt und heilig ist, nicht seinen ganzen Mantel verschenkt hat, sondern nur eine Hälfte davon. So ein reicher, berühmter Heiliger hat doch sicherlich einen zweiten Mantel. Ein halber zerschnittener Mantel – ist das denn ein vernünftiges Geschenk? Aber Martin hat sich nicht getraut zu fragen. Womöglich hätten andere Schüler über ihn gelacht, das wäre ihm sehr peinlich gewesen. Martin ist nämlich ziemlich schüchtern. Eigentlich muss er nie viel fragen. Seine Oma erklärt ihm immer alles schon bevor er fragt. Sogar den Computer hat sie ihm erklärt, aber das ist lange her. Inzwischen kennt sich Martin auf dem Computer viel besser aus als seine Oma.

Martin geht zum Computer. Wenn er ihn jetzt einschaltet, merkt Papa das natürlich am Abend. Computer spielen gehört nicht zu den erlaubten Beschäftigungen, wenn man einen Nachmittag lang allein zu Hause sein muss. Wenn man allein zu Hause sein muss, soll man brav seine Hausaufgaben machen und dann – Geige üben! Ganz schön grausam, Geige üben! An einem Nachmittag, wo man viel lieber einen Waldspaziergang machen oder wenigstens eine Vorlesegeschichte anhören würde. Um fünf Uhr wird Papa kommen. Er hat versprochen, Martin pünktlich zur Geigenstunde abzuholen. Dafür nimmt sich Papa natürlich immer Zeit. Geige spielen finden in dieser Familie alle viel wichtiger als Vorlesegeschichten und Spaziergänge. Ach, Oma! Du fehlst mir sehr, murmelt Martin.

Geige üben ist … Martin streckt seinem Spiegelbild die Zunge heraus. Bääääh, jawohl, so ist Geige üben. Er schaltet den Fernseher ein. Gehört natürlich auch nicht zu den erlaubten Freizeitbeschäftigungen. Da kommt gerade irgendeine blöde Sendung, Kochen mit einem Meisterkoch, und noch dazu kochen sie Wildragout, was doch sowieso keinem Kind mit gutem Geschmack schmeckt. Und an den Videorecorder mit den neuen Wickie-Folgen traut sich Martin nicht heran. Papa bemerkt doch gleich immer alles. So ein lausig öder Tag. Wenn doch die Oma da wäre. Aber Oma ist unterwegs.

Bis zu Jakobs Geburtstag bin ich wieder zurück, hat Oma versprochen. Jakobs erster Geburtstag. Die Eltern und Oma reden ständig von Jakobs erstem Geburtstag, so, als wäre der etwas ganz Außergewöhnliches, ein Termin für einen ganz wichtigen Beginn oder für einen Abschluss. Martin hört immer aufmerksam zu, aber so ganz versteht er nicht, worum es bei diesem Termin geht. Geburtstag haben ist natürlich super, aber beim ersten kann man ja noch nicht einmal richtig Schokoladetorte mampfen und die Geschenke sind noch sehr kindisch: eine Rassel wahrscheinlich oder vielleicht, ein Teddy, oder ein Baby-Bilderbuch mit dicken Kartonseiten mit Autos drauf.

Oma hat Martin erklärt, dass sich in der Familie alle große Sorgen um den kleinen Jakob machen: Jakob scheint nämlich wirklich nichts – fast nichts – zu hören. Ist er taub?, hat Martin gefragt und sich auch gleich große Sorgen gemacht. Ein Bruder, der taub ist, das wäre wirklich ein Problem. In der Schule lachen alle den Dominik aus, und der ist nur ein ganz kleines bisschen schwerhörig auf einem Ohr. Martin will keinen Bruder, der ausgelacht wird. Oma hat mit den Schultern gezuckt und geseufzt, und Mama hat den Kopf geschüttelt, als wollte sie sagen, reden wir lieber nicht davon, und sie hat sofort ganz nasse Augen bekommen. Und erst da ist dem Martin so richtig aufgefallen, dass der kleine Jakob nie laut schreit oder laut weint. Taubstumm?, hat er ganz entsetzt gefragt, und da hat die Mama endgültig zu weinen begonnen und ist aus dem Zimmer gegangen. Oma hat ihm dann erklärt, dass die notwendigen Untersuchungen noch nicht abgeschlossen seien, und dass Mama und Papa deswegen mit dem kleinen Jakob zweimal in der Woche zur Therapie müssten. Und zu allen möglichen Tests. Bis zu Jakobs erstem Geburtstag sollen die Untersuchungen abgeschlossen sein, und dann wird man endlich genau wissen, ob Jakob taubstumm oder nur ein bisschen schwerhörig ist, und ob er ein ganz normales Leben zu Hause wird führen können, oder ob er ein Implantat benötigen wird.

Implantat? Was ist denn ein Implantat? Das ist ein kleiner Sender, der dem Jaköble hinter dem Ohr einoperiert werden müsste, damit er besser hört. Martin hat entsetzt die Augen und Ohren aufgesperrt. Ein Bruder mit einem Sender im Ohr – Wahnsinn! Spannend. Aufregend. Einen richtigen Sender einoperieren! Ohren aufschneiden und Sender rein! Armes Jaköble. Martin will lieber einen ganz normalen Bruder haben. Einen, der schreit und laut weint und der gut hören kann. Einen Bruder ohne Imp - Impla - Implan-tat. Oma hat den Martin ganz fest gestreichelt und gesagt: Das wollen wir doch alle! und: Das wird schon, du wirst sehen! Aber warum hat sie ihn dann so fest an sich gedrückt, damit er ihre nassen Augen nicht sehen konnte? Wenn sogar die Oma nasse Augen bekommt, das bedeutet dann schon Alarmstufe eins! Und wenn die Oma, wie sie behauptet, sowieso davon überzeugt ist, dass der Jakob bis zu seinem ersten Geburtstag ganz normal wird hören und laut schreien können, ja, warum ist sie dann überhaupt und gerade jetzt weggegangen???

Oma macht eine Bitt-Wallfahrt nach Santiago de Compostela. Eine – bitte, was? Papa und Mama haben versucht, Martin zu erklären, was das ist. Eine Wallfahrt, das ist … gar nicht leicht zu erklären. Ein Bitt-Gang. Eine weite Reise zu Fuß und seine Bitte trägt man an das Ziel. Das Ziel kann zum Beispiel eine Kirche sein, oder eine große Kathedrale, oder sonst irgend ein Platz, wo man glaubt, dass einem dort der liebe Gott zuhört. Oder die heilige Maria. Oder wenigstens ein Heiliger, der heilige Jakobus zum Beispiel. Man verspricht dem lieben Gott, diese weite Strecke zu gehen und alle Mühe unterwegs ohne Murren auf sich zu nehmen, und man betet und bittet, dass der liebe Gott die Bitte erhören möge.

Bitte, lieber Gott … Bitte, lieber Gott, mach' dass der Jakob gut hören kann. Hmmm, kompliziert. Warum geht sie nicht einfach in unsere Kirche und bittet dort? Oder ist es so, dass man bei ganz großen Bitten besonders weit gehen muss? Papa schaut Mama an. Mama schaut Papa an. Dann beginnen beide zu kichern. Na immerhin. Oma hat nicht gekichert. Sie hat vergnügt gesummt und ihren Rucksack gepackt, sogar mit Schlafsack und Schlafmatte obendrauf, und mit einem Pilgerhut, so einem großen schwarzen Schlapphut, aber den hat sie nicht auf den Kopf gesetzt, sondern nur oben auf dem Rucksack befestigt, mit einer schönen weißen Muschel darauf. Im Rucksack sind Sandalen, Unterwäsche, ein Regenmantel, Waschzeug und ein Handtuch, der Fotoapparat und das Spanisch-Wörterbuch, alles zusammen fast zehn Kilo Gewicht, und damit muss Oma auf ihrer Pilgerschaft auskommen. Bis zu Jakobs erstem Geburtstag wird sie zurück sein, das sind noch genau zwei Monate oder einundsechzig Tage. Ein sehr langer, weiter Weg also. Einundsechzig Tage ohne Vorlesegeschichte und ohne Waldspaziergang für Martin. Einundsechzig Tage Therapie und Tests und Hoffnung für Jakob. Einundsechzig Tage – Oma unterwegs auf dem Jakobsweg.

Martin spielt die Etüde auf der Geige schnell und schlampig. Zum Glück hören weder Papa noch Mama zu. Die sitzen in der Küche beim Kaffee und besprechen wie immer die Probleme mit Jakobs Ohren. Viel Neues scheint es da nicht zu geben, beide seufzen und rühren in ihrem Kaffee herum und Martin soll noch schnell die G-Lage üben.

Da kommt ihm eine Idee: Er stellt sich ganz nah an Jakobs Bettchen. Der Kleine schläft. Martin fiedelt schlampig und schnell die G-Lage herunter. Nichts passiert. Dann beugt er sich ganz nah zu Jakobs Kopf und lässt den Geigenbogen kreischend über die Saiten fahren. Ganz falsch, ganz hässlich und vor allem laut. Laut ist wichtig in diesem Fall. Fortissimo!!! Martin starrt auf seinen kleinen Bruder: keine Regung. Nicht einmal mit einer Wimper hat er gezuckt. Liegt einfach da, rosig und lieb, die kleinen Fäuste neben seinen Wangen, und schläft selig. Nichts kann ihn stören. Martin würde den Test gerne wiederholen: noch einmal einen lauten falschen Geigenkratzer neben Jakobs Ohren! Und am liebsten wäre es ihm, wenn Jakob dann entsetzt die Augen aufreißen und sich die Ohren zuhalten würde. Als Beweis: Jakob hört! Aber Martin traut sich nicht, noch einmal laut Geige zu kratzen, denn er hört aus der Küche Tassen klappern, Mama und Papa räumen das Kaffeegeschirr in die Spüle und werden jeden Moment ins Zimmer kommen. Martin tritt einen Schritt vom Kinderbettchen zurück und spielt die G-Lage noch einmal, jetzt langsam und richtig, ohne Quietschen und ohne Kreischen. Und nicht so schrecklich fortissimo. Gut, sagt Papa zufrieden. Gut, Martin.

Ach Papa. Nichts ist gut. Martin presst die Lippen zusammen und knallt die Geige in den Geigenkoffer. Nichts ist gut. Gut wäre, wenn Jakob jetzt laut weinen würde. Aber Jakob schläft wie ein kleiner Engel. Martin schlägt den Deckel vom Geigenkoffer zu und wendet sich ab. Papa braucht ja nicht zu sehen, dass ihm jetzt Tränen über die Wangen laufen. Er denkt an die Oma. Ob sie mit dem lieben Gott schon wegen der großen Bitte geredet hat?

Oma ist unterwegs ...

Die ersten Tage ohne Oma sind geschafft. Gut geschafft sogar, die Tage sind schnell vergangen. Ohne Babysitter, hat Mama gesagt, so, als wäre Martin noch ein Baby! Jakob braucht ja keinen Babysitter, um den Kleinen tanzen sie sowieso den ganzen Tag herum. Jakob hin, Jakob her. Jakob schau, Jakob hör'! Und Jakob schaut lieb und freundlich –

aber Jakob hört nichts, und auch sonst gibt es nichts Neues. Immerhin, Papa hat Martin gelobt: Bravo, mein Großer! Martin weiß zwar nicht, hat er das Geigenspielen gemeint oder nur bravo, dass Martin allein zu Hause bleibt. Egal, zur Belohnung gehen die beiden Männer am Samstagnachmittag ins Kino. Es gibt einen tollen Film über Ritter und Burgfräulein und Drachen und spannende Kämpfe. Ein super spannender Film! In der Reihe vor Martin sitzt Dominik mit seinem Papa! Die beiden tauschen noch die Plätze, damit Martin besser sieht, denn Dominiks Vater ist sehr groß. Als es jetzt dunkel wird im Saal, hat Martin genau vor seinem Gesicht Dominiks Ohren, die vor Aufregung glühen. Im Gegenlicht zur Filmleinwand kann man sogar den kleinen Sender in Dominiks rechtem Ohr entdecken. Martin schubst seinen Papa mit dem Ellbogen an und will noch schnell auf Dominiks interessantes Ohr hinweisen. Aber da geht es bereits los mit den Kämpfen auf der Leinwand. Und weil es ein Zeichentrickfilm ist, kann man herzlich lachen, wenn beim Kampf ein Kopf davonrollt! Die Helden laufen ihren Köpfen nach und setzen sie sich wieder auf und grinsen und kämpfen weiter, und die Burgfräulein werfen mit Rosen nach den Helden, aber die Pferde fressen die Rosen, und die Helden werfen dann mit Rossknödeln nach den Ritterfräulein. Der schönste und tapferste Ritter hat ein Schwert aus unzerbrechlichem Stahl, mit dem kann er sogar Steine spalten. Außerdem hat er ein Zauberhorn: Wenn er da hinein bläst, beginnen die Felswände zu wackeln, und die Feinde bekommen rote geschwollene Ohren, so groß, dass ihnen die eigenen Ohren die Sicht verstellen. Und der Ton, der aus dem Horn dringt, ist so laut, dass alle Ritter, die schon auf der Flucht sind, sofort wieder umkehren und weiterkämpfen müssen. Dieses Zauberhorn hat sogar einen Namen, es heißt Olifant. Wie Elefant, flüstert Martin dem Dominik ins rechte Ohr, und der lacht und dreht sich halb zu Martin um: Elefant mit Olifant trompetet durch das ganze Land!

Dominik sagt nach der Vorstellung, das sei der lustigste Film gewesen, den er jemals gesehen hat. Martin war vorher noch nie im Kino, daher findet er das auch, und sie lachen sich nochmals schief über die Rossknödelschlacht und über die dämlichen Gesichter der Burgfräulein, als ihnen die Rösser die Rosen weggefressen hatten. Die beiden Väter unterhalten sich auch bestens, die Burgfräulein haben ihnen besonders gut gefallen.

Jedenfalls sagt Papa auf dem Heimweg: Da hast du ja einen besonders lieben Schulkameraden, Martin! Wirklich, der Dominik ist lustig, frech, geht gern ins Kino und kann herzlich lachen und der kleine Sender im Ohr, der stört den Martin überhaupt nicht, im Gegenteil, der macht den Dominik noch ein bisschen interessanter. Wenn die größeren Burschen in der Schule mit ihren Walkmen herumlaufen und in jedem Ohr einen Stöpsel haben, darüber lacht ja schließlich auch niemand. Warum also über einen Stöpsel in Dominiks Ohren lachen?

Nach einigen Tagen kommt Omas erster Brief aus der Ferne: Hallo, meine Lieben!, schreibt sie. Nach längerer Fahrt bin ich nun schon in Frankreich in der Stadt Tours. Hier hat der heilige Martin gelebt und gewirkt, als er Bischof geworden war, und überall in dieser Stadt wird man an den heiligen Martin erinnert. Deswegen denkt Oma natürlich an ihren Martin, sie schickt ihm ganz besonders herzliche Grüße und schreibt: Ich werde Dir, lieber Martin, aus allen interessanten Orten, durch die ich auf meiner Pilgerreise komme, Geschichten und Legenden aufschreiben und schicken. Es freut mich besonders, dass ich heute beginnen kann mit der Legende von deinem Namenspatron:

Der heilige Martin von Tours

In warmer Geborgenheit sinnierte der eine Bettler über die Gabe, die ihm soeben zuteilgeworden war. Ein feiner Mann, dein Wohltäter!, höhnte der andere Bettler. Ein feiner Wohltäter! Schneidet seinen Mantel mit dem Schwert entzwei und schenkt dir nur eine Hälfte! Wirklich groß und fein ist so eine Gabe! Verächtlich und neidisch waren seine Blicke und Worte. Der Eine antwortete nicht. Wohlig und fest zog er den edlen Stoff um seine Schultern und freute sich an der ungewohnten weichen Wärme. Einen halben Mantel!, stichelte der Andere weiter. So einer hat doch viele Mäntel, warum schenkt er dir nicht einen ganzen? Einen ganzen von seinen wohlig warmen Mänteln, so wie er selber gewohnt ist, sie zu tragen!
Der Eine zog die Schultern hoch und spürte die Wärme jetzt auch an Hals und Wangen.

Bis an sein Kinn und über die Ohren zog er den Mantelstoff. Du verstehst das nicht, sagte er zum Anderen, und der schnappte böse:
Jawohl, ich verstehe das nicht! Über ein halbes Almosen freust du dich? Über einen zerschnittenen Mantel? Du demütigst dich, du lächerlicher Bettler im Fürstenkleid!
Es war ein großer Umhang, sagte der Eine, groß genug für zwei. Und es war kein Fürst, sondern nur ein junger Soldat, der die andere Hälfte des Mantels im Feld dringend braucht. Er hat mich teilhaben lassen, verstehst du das? Das ist mehr als ein Almosen, dieses Teil ist Gnade und Umarmung zugleich. Die Wärme war jetzt in seinem Gesicht, an den Ohren, in den Augen, an der Stirn. Er strahlte, er glühte. Es war der Augenblick, weißt du?, sagte er und fühlte nochmals brennend den kurzen Bruchteil einer Sekunde, in dem der junge Soldat auf seine emporgereckten, blaugefrorenen Hände geschaut hatte und sein Erstaunen zum Erschrecken wurde und plötzliches Mitleid zum Handeln. Der Andere aber, der dieses Wunder nicht gespürt hatte und daher nicht verstand, ging kopfschüttelnd weg.

Zehn Jahre später kreuzten sich die Wege der Männer noch einmal. Der Eine war als Tagelöhner damit beschäftigt, die Hauptstraße der Stadt zu kehren und zu putzen, denn gleich sollte da der neu geweihte Bischof durchziehen. Der Andere lümmelte an den Hausecken herum und spottete: Weit hast du es gebracht in deiner Demut! Vor einem Pfaffen musst du die Rossäpfel vom Rinnstein kehren, und noch immer trägst du nur ein halbes Tuch um deine Schultern! Schäbig bist du, Kamerad, Bettler im Fürstenkleid!
Es klang noch böser und abfälliger als beim ersten Mal, denn der Mantel war mit den Jahren wirklich arg schäbig geworden. Aber er hielt ihn warm, und der Eine hielt ihn in Ehren.

Viel Volk sammelte sich in den Gassen zur Begrüßung des neuen Bischofs, von dem man wunderliche Dinge erzählte: Ein gewöhnlicher Soldat war der in früheren Jahren gewesen. Aber Christus soll ihm erschienen sein mit den Worten: Was ihr dem Geringsten meiner Brüder tut, das habt ihr mir getan! Der Soldat hatte sich daraufhin taufen lassen und war zurück nach Ungarn gegangen in die Stadt Steinamanger, um seinem Volk den wahren Glauben zu bringen. Sogar seine eigene Mutter hat er bekehrt. Und dann hat er fünf Jahre lang auf der Insel Gallinaria im Golf von Genua als Einsiedler gelebt. Ein frommer, wundertätiger Mann! Ja! Darum haben ihn die Kirchenmänner zurückgeholt nach Frankreich, um ihn zum Bischof von Tours zu machen. Als einfacher Büßer ist er nach Poitiers gekommen, sie aber wollten einen Bischof für die Stadt. Da hat er sich versteckt!, riefen einige aus der Umgebung, die die Begebenheit schon gehört hatten: Versteckt im Stroh eines Stalles! Die Gänse haben ihn mit ihrem Geschnatter verraten – und nun wird er zum Bischof geweiht! Seht, er kommt!

Inmitten von prächtig gekleideten kirchlichen Würdenträgern kam der neue Bischof die Hauptstraße entlang: im prächtigen roten Ornat, mit Bischofsmitra und goldenem Stab, eine glänzende Pracht, eine ehrgebietende Erscheinung. Ehrfürchtig kniete das Volk am blanken Straßenrand, segnend breitete der Bischof seine Hände über die Menschen. Auch der Eine erhaschte eine segnende Gebärde, und mehr noch: einen warmherzigen Blick aus den guten Augen. Und da war das Bild wieder, wie er es vor zehn Jahren an jenem kalten Winterabend gesehen hatte: Eine Schar Soldaten reitet Richtung Amiens. Inmitten der Gruppe ein junger, etwa Achtzehnjähriger, auf einem weißen Pferd. Einer, der ihn, den Bettler bemerkt. Der seinen weichen, warmen großen Umhang abnimmt, ihn mit dem Schwert in zwei Teile schneidet und ihm, dem Armen, die eine Hälfte um die Schultern legt. Die Wärme, diese feine weiche Wärme, die sofort in seinen Körper kroch! Die Soldaten ritten weiter, über ihren Kameraden spottend, und für ihn, den Einen, gab es den Spott der Anderen, aber diese neue Wärme war wie eine Umarmung, eine Gnade, ein Geschenk. Was ihr dem geringsten meiner Brüder getan habt, das habt ihr mir getan. Tun und teilhaben lassen und Wärme schenken. Der Bettler hatte es längst verstanden. Er sah dem Bischof dankbar nach und bemühte sich, nach seinem Vorbild zu leben. Die Bürger von Tours feierten ein dreitägiges großes Fest. Mit Bischof Martin bekamen sie einen berühmten, gütigen Heiligen und Schutzpatron zum Segen und Ruhm ihrer Stadt.

Martin übt jetzt jeden Tag vor dem Gitterbett auf seiner Geige. Wenn Jakob wach ist, schaut er interessiert zu. Mit seinen Augen folgt er neugierig dem Geigenbogen, seine dicken kleinen Arme machen Martins Bewegungen nach. Das schaut lustig aus und bringt Martin zum Lachen. Wer lacht, kann nicht richtig Geige spielen! Jakob freut sich, patscht in die Hände und lacht auch. Aber er lacht ganz still, nur ein komisches Hauchen kommt aus seinem Mund, manchmal ein kleines Krächzen. Wenn Martin zu spielen aufhört, wird Jakob manchmal zornig, er will mehr, noch mehr! Er rüttelt an den Gitterstäben, er schaut bittend oder wütend, dann kullern dicke Kugeltränen über seine Wangen, alles ganz still, ohne Wort und fast ohne Ton. Wenn Jakob schläft, scheint er das Geigenspiel nie zu bemerken, kein Wimpernschlag, kein Zucken, kein Lächeln. Martin hat die ‚Geräuschprobe' mit seiner Geige nahe an Jakobs Ohr schon einige Male wiederholt – ein schriller Ton, ein kreischendes Kratzen über die Saiten –, aber nie gibt es eine Reaktion von seinem kleinen Bruder. Wenn Mama ins Zimmer kommt, tut Martin, als würde er nur ganz zufällig neben Jakobs Bettchen stehen und vertieft Geige üben oder Schlafliedchen für seinen kleinen Bruder spielen. Nach jedem Abendgebet murmelt Martin etwas in sein Kopfkissen, das soll aber niemand hören, und niemand soll davon wissen. Nur der liebe Gott, der soll es hören und erhören.

Dominik will nicht glauben, dass es eine Oma gibt, die mehr als tausend Kilometer zu Fuß gehen will, nur um den lieben Gott um gesunde Ohren für Jakob zu bitten. Es sind ja nicht nur die Ohren, erklärt ihm Martin. Der Jakob schreit auch nie, der hat vielleicht gar keine Stimme. Taubstumm, verstehst du? Na ja, gibt Dominik verständnisvoll zu, taubstumm, das wäre natürlich schon ziemlich schlimm. Nur ein bisschen schwerhörig, das sei wirklich nicht schlimm, das weiß er aus eigener Erfahrung. Aber keine Stimme? Doch, das hat auch Vorteile, meint Dominik: Er hat nämlich eine kleine Schwester, die heißt Evi, und die plärrt oft stundenlang mit einer sehr kräftigen Stimme.

Aber zurück zur Oma: Die will wirklich mehr als tausend Kilometer zu Fuß gehen? Ich erkläre euch das jetzt genau, sagt Papa und holt eine große Landkarte aus seinem Schreibtisch. Die Landkarte wird an die Wand gepinnt, und Papa setzt eine Stecknadel mit dickem rotem Köpfchen auf die Stadt Tours. Da ist die Oma jetzt gerade. Von hier hat sie den Brief mit der Martins-Legende geschickt. In den nächsten Tagen fährt sie … Papa sucht ein wenig tiefer unten, im Süden von Frankreich, nach einem Punkt. Hier – bei diesem silbernen Stecknadelköpfchen wird die Oma ihren langen Weg beginnen. Diesen Weg nennt man auch Jakobsweg:

Der Apostel Jakobus soll hier gegangen sein! Vor mehr als 2000 Jahren. Jesus Christus hat ja zu seinen Jüngern gesagt ‚gehet hinaus in alle Welt und verbreitet meine Lehre'. Haben wir in Religion schon gelernt, murmelt Dominik.
Still, hört nur zu, sagt Papa.
Der Apostel Jakobus wurde nach Spanien geschickt und dort hat er versucht, das Christentum zu verbreiten. Er hat aber nicht viel Erfolg gehabt.
Weil ihm niemand zugehört hat?, fragt Martin.
Weil er nicht Spanisch konnte?, fragt Dominik.
Kann schon sein, sagt Papa und muss ein bisschen lächeln. Die Spanier haben jedenfalls überhaupt nichts verstanden von der Lehre, und nur sieben von ihnen sind damals Christen geworden.
Nicht gerade viele, sagt Martin. Und weiter, was war dann?
Jakobus ist zurück ins Heilige Land gereist. Dort war noch immer der böse, hartherzige König Herodes an der Macht, der die Christen verfolgte.

König Herodes hat den Apostel Jakobus köpfen lassen. Die Buben umklammern ihre Knie und schauen entsetzt. Die anderen Apostel haben den Leichnam in ein Schiff gelegt, das am Ufer wartete. Wie durch ein Wunder ist das Schiff ohne Mannschaft davon gesegelt: Durch das Mittelmeer – Papa zeigt auf der Landkarte das große Mittelmeer – und durch die Straße von Gibraltar – Papa zeigt auf die enge Stelle zwischen Südspanien und Nordafrika – und dann, so sagt die Legende, haben Engel das Schiff nach Norden geleitet, an der Küste von Portugal entlang, durch den Atlantik bis hierher: An diese Stelle setzt Papa jetzt den größten und schönsten Pin, den er in seiner Schreibtisch-Schublade finden konnte: einen mit einem Glasköpfchen, das in allen Regenbogenfarben schillert. Hier ist Finisterre, das bedeutet Ende der Welt. Genau an dieser Stelle ist das Schiff gelandet. Es ist dann von einer Strömung noch weiter ins spanische Land hineingedrängt worden, aber das weiß niemand so ganz genau, weil es schon fast zweitausend Jahre her ist.

Papa setzt eine silberne Nadel an einen Punkt nicht weit von der Meeresküste. Hier ist Santiago de Compostela. Wisst ihr, was Santiago heißt? Heiliger Jakob auf Spanisch! An dieser Stelle hat man acht Jahrhunderte später das Schiff mit den Gebeinen des Apostels Jakobus gefunden. Das Schiff war zum Schutz gegen Wasser, Wellen und Wind über und über mit Muscheln besetzt und unversehrt geblieben. Deswegen ist die Muschel das Symbol des heiligen Jakobus, Wahrzeichen vom Jakobsweg und außerdem ein Glücksbringer für alle Pilger geworden.

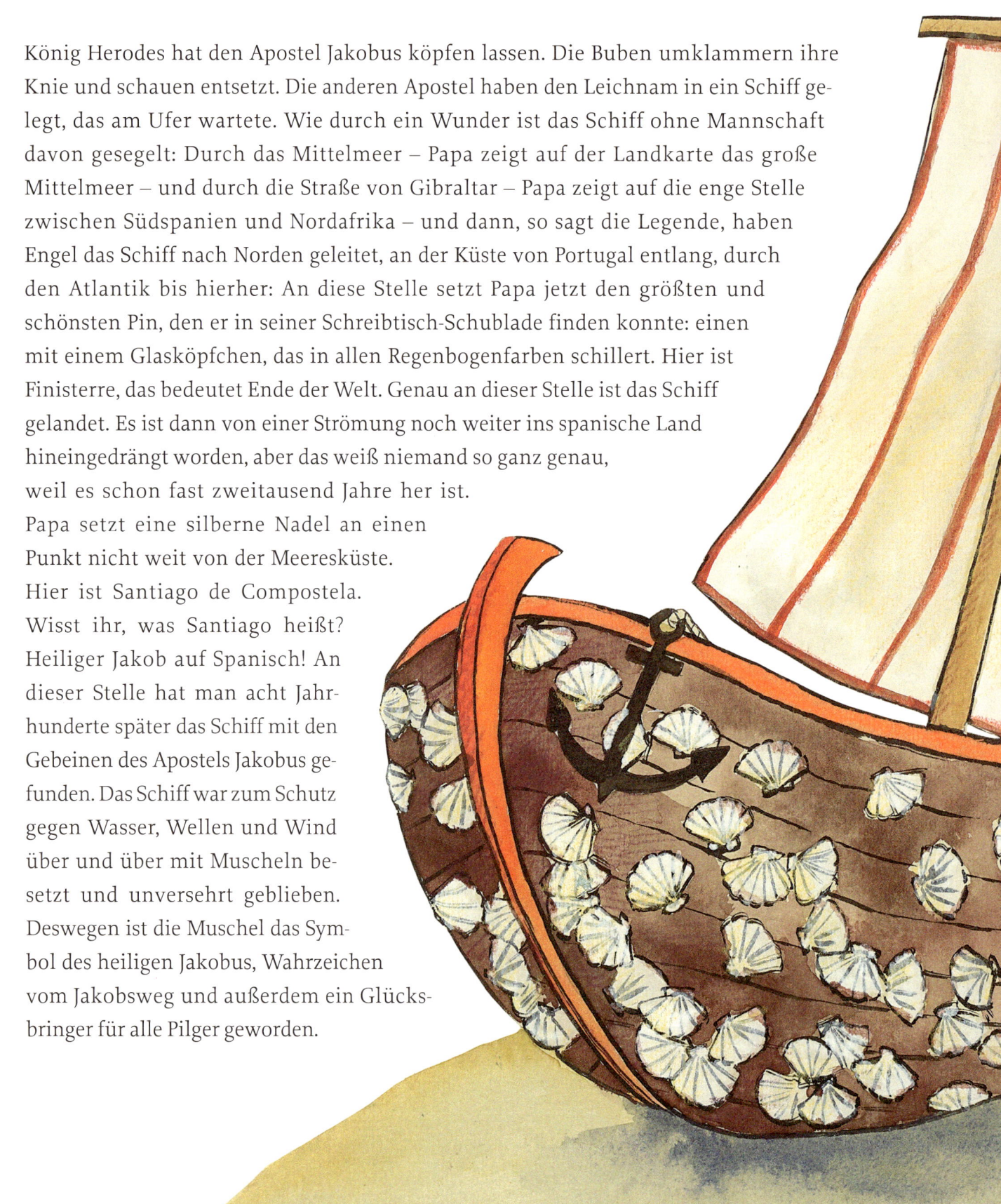

Über der Fundstelle hat man zunächst eine Kapelle, später eine Kirche und dann sogar eine große Kathedrale gebaut – die berühmte Kathedrale von Santiago de Compostela, das Ziel von Omas Reise!

Und dorthin muss man zu Fuß gehen?, fragen Martin und Dominik wie aus einem Mund. Müssen überhaupt nicht, lächelt Mama, die jetzt auch dazugekommen ist. Aber die Oma will diesen Weg als Pilgerin zu Fuß gehen. Mehr als tausend Kilometer. Das sind dann annähernd zwei Millionen Schritte. Das ist so weit wie von Lindau nach Budapest, von Hamburg nach Mailand oder von Zürich nach Wien .
Und wie lange ist sie unterwegs?, fragt Dominik kopfschüttelnd. Zu Jakobs erstem Geburtstag Anfang November ist sie wieder da, das hat sie fest versprochen. Papa rechnet schnell aus, dass die Oma dann jeden Tag über zwanzig Kilometer zu Fuß gehen muss. Das klingt gar nicht nach so viel, aber du musst dir das einmal vorstellen: Heute zwanzig Kilometer, und morgen wieder, und übermorgen, und jeden weiteren Tag wieder zwanzig Kilometer, das sind täglich mindestens fünf Stunden marschieren ohne Pause, bergauf, bergab, durch Städte und Dörfer, durch Matsch und über Wiesen und Asphalt, auch wenn du schon ziemlich müde bist und Blasen an den Füßen hast und in der Herberge schlecht geschlafen hast und eigentlich nicht mehr weitergehen willst. Du musst weitergehen bei jedem Wetter, bei Wind und Regen und Sonnenhitze, mit einem schweren Rucksack, in dem alles drin ist, was du für zwei Monate Wanderschaft brauchst.

Brrrrr, sagt Dominik. Na echt brrrrr, sagt auch Martin.
Die beiden haben schon beim ersten Schul-Wandertag gemault: soooo weit! Wir sind schon sooo müde, sind wir nicht bald da? Und dabei war das doch nur eine einzige Stunde Gehzeit mit leichtem Rucksack, von der Postauto-Haltestelle bis zum Grillplatz am Bach! Am nächsten Tag haben alle in der Klasse über Muskelkater gejammert. Ob Oma auch Muskelkater bekommen wird? Na sicher, sagt Papa ungerührt.
Nix für mich, erklärt Dominik. Außerdem, was ist so toll an Sant - Sant - wie heißt die Stadt? Santiago de Compostela, wiederholt Papa lachend. Santiago heißt heiliger Jakob.

Der Apostel Jakobus. Sein Grab ist dort unter der Kathedrale. Seit über tausend Jahren gehen Pilger zu seinem Grab, manchmal waren es nur ein paar wenige pro Jahr, und nun sind es in manchen Jahren schon mehr als hunderttausend Pilger, zu Fuß, per Fahrrad und sogar auf Pferden und Eseln! Warum nicht im Auto?, fragt Dominik. Die Autofahrer sind Touristen. Nur wer zu Fuß geht, gilt als Pilger, so steht es auch im Pilgerpass, den jeder mit sich trägt: a pie (zu Fuß), en bicicleta (mit Fahrrad) oder a caballo (mit Pferd). Na ja, dann muss ja vielleicht doch etwas Interessantes dran sein, wenn so viele Menschen hingehen.

Schon zwei Tage später kommt Omas nächster Brief aus dem Süden:
Mein lieber großer Martin und mein lieber kleiner Jakob, heute bin ich nur fünfzehn Kilometer weit zu Fuß gegangen. Da war ein wunderschöner Rastplatz an einem kleinen Bach. Das Wasser hat um die flachen Steine gegluckst und gemurmelt, die Vögel haben leise gezwitschert und die Grillen gezirpt. Auf der Wiese haben Schafe geblökt, und ein Schäfer hat auf seiner Schalmei gespielt.
Der Oma geht's gut, vermutet Papa.
Mama nickt: sehr gut sogar!
Martin findet das auch. Am Bach sitzen und träumen, das passt genau zu unserer Oma! Nur eine Frage: Was ist denn eine Schalmei? Eine Schalmei ist eine Flöte, aus der ganz liebliche Töne kommen, wenn man mit viel Gefühl hineinbläst, sagt Papa. Mama streichelt Martins Kopf und hat schon wieder ganz feuchte Augen. Viel Gefühl, ja, ja. Zwischen den Zeilen hat er aber noch mehr herausgelesen: Die Oma denkt wohl jeden Tag an Jakobs Ohren. Sicher wünscht sie sich, dass er bald alles hören können soll: Die blökenden Schafe, die zwitschernden Vögel und das Gemurmel vom Bächlein, all die Jakobsweg-Geräusche, die sie für die Kinder auf Kassette aufgenommen hat! Jakob spielt gerade mit dem Kassettenrecorder, es gefällt ihm, wie das Band von der einen Spule auf die andere läuft. Eine Spule wird immer dicker, die andere immer dünner. Martin dreht den Ton auf volle Lautstärke. Die Schafe blöken laut, das Bächlein gluckst und blubbert mächtig. Jakob klatscht in seine Hände und auf den Kassettenrecorder: schneller, schneller, noch schneller drehen! Er patscht wild auf das Gerät,

irgendwie erwischt er dabei die Stopp-Taste. Das gefällt dem kleinen Jakob überhaupt nicht, dass sich jetzt die Spulen nicht mehr drehen. Er patscht noch wilder auf den Recorder, die Spulen drehen sich erneut, die Vöglein zwitschern, das Bächlein gluckst und – Jakob lacht! Ein komisches kleines Glucksen kommt aus seinem Mund, und da lachen auch Papa und Mama und Martin mit. Jakob hat gegluckst wie das Bächlein! Martin tanzt um das Gitterbett herum und schreit: Glucks' noch einmal, Jakob! Jakob hat tatsächlich – nur ein Mal, nur leise, aber deutlich gegluckst! Das sollte man die Oma dringend wissen lassen! Aber Oma ist unterwegs, irgendwo auf den tausend Kilometern des Jakobswegs.

Martin wünscht sich eine Schalmei. Wegen der lieblichen Töne. Aus seiner Geige kommen nämlich leider keine lieblichen Töne. Nur die übliche Kratzerei kommt heraus. Keine Rede von lieblich. Martin macht sich schon ernstlich Sorgen, ob vielleicht sein Geigenspiel daran schuld ist, dass Jakobs Ohren nichts hören wollen. Eine Schalmei müsste man haben! Freund Dominik hat eine ganz normale Blockflöte, aber auch da ist keine Spur von lieblichen Tönen, wenn man nicht übt. Das einzige Instrument, für das sich Dominik begeistern könnte, das wäre ein Zauberhorn wie sie es im Film gesehen haben: so eine Elefanten-Trompete! Olifant, sagt Martin. Er hat sich den komischen Namen gemerkt: Olifant. Okay, sagt Dominik, eine Olifanten-Trompete. Nicht üben müssen. Einfach hineinblasen. Laut, dass allen die Ohren wackeln. Aber so etwas gibt es ja nur im Film, schade. Ob Jakob eine Olifanten-Trompete hören würde?

Alle Tage sind jetzt gleich langweilig: Schule. Schnell nach Hause, ohne zu trödeln, Mama muss gleich nach dem Mittagessen mit Jakob in die Klinik. Allein Hausübung machen, allein Geige spielen, vielleicht ein bisschen heimlich fernsehen. Punkt fünf Uhr kommt Papa und holt Martin zur Geigenstunde ab oder zum Fußballtraining oder zur Ministrantenstunde. Abends immer die geheimnisvollen Gespräche zwischen Mama und Papa, obwohl es doch angeblich nie etwas Neues gibt, und trotzdem wird von nichts anderem geredet als von der Therapie und von Tests und Befunden und neuen Methoden – lauter Wörter, die Martin vor einem Jahr noch nie gehört hatte.

Man muss Hoffnung und Geduld haben.
Noch mehr Geduld? Noch Hoffnung?, fragt Martin.
Du bist unser braver, vernünftiger Großer, sagen die Eltern lobend, und dass sie stolz sind auf ihn. Irgendwann wird diese schwierige Zeit doch gut zu Ende gehen. Jakobs erster Geburtstag ist der Termin, auf den alle hoffen. Zumindest wird Oma dann wieder da sein. Oma ist schon mehr als zwei Wochen unterwegs!

Oma schickt einen dicken Brief und Ansichtskarten. Sie ist jetzt dort angelangt, wo Frankreich an Spanien grenzt. Papa setzt eine grüne Stecknadel auf den dunkelsten Punkt der Landkarte. Die braunen Flächen, das sind hohe Berge. Sie heißen Pyrenäen und bilden die Grenze zu Spanien. Auf Omas Ansichtskarten tragen die Bergspitzen Schneemützen, sogar jetzt schon, Ende September, liegt dort Schnee auf den Gipfeln. Dabei glaubt doch jeder, dass in Spanien die Sonne immer heiß scheint! Um über die Grenze zu kommen, muss man einen ganzen und noch einen halben Tag durch eine Schlucht wandern. Und das ist eine ganz besondere Schlucht! Die Ansichtskarten zeigen eine enge, steile Bergstrasse mit Pilgern, die in kleinen Kolonnen bergauf wandern. Die meisten haben einen Wanderstock in der Hand, den Pilgerhut auf dem Kopf und auf ihrem Rucksack die Muschel als Kennzeichen und Symbol der Wallfahrer. Früher war die Muschel sogar ein Ersatz für eine Trinkschale. Pilger, die um Essen gebeten haben, hielten die Muschel hin und erhielten darauf ein Stück Brot oder einen Schöpf Suppe. Die Muschel soll auch Glück bringen, und Glück wird sie brauchen, die Oma! Der Weg durch die Schlucht schaut recht anstrengend aus. Das ganz Besondere hat Oma auf zwei Extraseiten geschrieben: Die lange Geschichte, die sich genau hier zugetragen haben soll, und die das Rolandslied erzählt. Das ist die Sage vom tapferen Ritter Roland, von seinen Kämpfen, von seinem sagenhaften Schwert Durendart, das sogar Felsblöcke spalten konnte, und von seinem Horn Olifant!
He, den Namen kenn' ich schon!, ruft Martin aufgeregt.
Olifant – so hieß doch das Horn aus dem lustigen Zeichentrickfilm! Und ein unzerbrechliches Schwert, mit dem sie Felsen spalten konnten, hatten diese Helden auch. Genau! Der Film war echt lustig! Aber die Erzählung von Oma ist nicht lustig, im

Gegenteil, sie ist ziemlich schrecklich und handelt von den Kämpfen, die es dort wirklich gegeben hat.

Die Rolandssage

Der junge Ritter Roland war der Lieblingsneffe von Kaiser Karl. Von Kaiser Karl dem Großen?, fragt Martin neugierig, denn von dem hat er schon gehört.
Da gibt es nämlich eine Sage vom Untersberg. Darin soll Karl der Große schlafen, schon seit mehr als 1200 Jahren. Er kann nicht zur ewigen Ruhe kommen, solange es auf der Welt soviel Böses gibt. Und so schläft und schläft der Kaiser tief drinnen im Berg, umgeben von seinen Hofleuten, in Pracht und Herrlichkeit, aber von all dem hat er nichts, weil er immer nur schlafen und schlafen muss. Alle hundert Jahre wird er kurz wach. Wenn in diesem Moment gerade ein Mensch ohne Sünde auf dem Untersberg ist, wird diesem das Felsenverlies aufgetan. Der gute Mensch darf eintreten und er sieht Kaiser Karl an einem goldenen Tisch sitzen. Sein Bart ist weiß und lang, so lang, dass er sich schon drei Mal um den goldenen Tisch geschlungen hat. Kaiser Karl macht dann verschlafen seine Augen auf und fragt: Kreisen die Raben noch? Wenn die Raben noch kreisen, so zeigt das nämlich an, dass es noch Böses in der Welt gibt. Und der Besucher wird wahrheitsgemäß antworten müssen: Jawohl, Kaiser, die Raben kreisen noch. Dann seufzt Kaiser Karl tief auf und versinkt wieder in seinen Schlaf für die nächsten hundert Jahre.

Martin stellt sich das arg langweilig vor, nur alle hundert Jahre kurz aufzuwachen und dann eine Nachricht zu hören, die man eigentlich nicht hören will, und dann muss man weiterschlafen, wieder hundert Jahre lang. Das ist ja noch schlimmer als beim Dornröschen, die Prinzessin durfte wenigstens nach dem langen Schlaf wach bleiben und der Küchenjunge bekam die Ohrfeige. Aber das ist eine andere Geschichte. Der Kaiser Karl vom Untersberg tut ihm leid.

Was Martin bisher von Kaiser Karl und seinem Neffen Roland weiß, findet er interessant: Der junge Ritter Roland war sehr tapfer. Er hatte schon in einigen Schlachten mitgekämpft und war so stark und kriegerisch, dass er noch nie in einem Kampf unterlegen war. Darum hatte Kaiser Karl, sein Onkel, ihn mitgenommen, um im Süden von Spanien gegen eindringende Feinde zu kämpfen. Als alle Schlachten siegreich geschlagen waren, kehrte Kaiser Karl mit dem großen Heer wieder nach Norden zurück, über die Pyrenäen – Martin schaut zum grünen Punkt auf der Landkarte – ein Stück nach Frankreich hinein. Der tapfere Ritter Roland und seine jungen Freunde ritten hinterher. Da aber folgten die Feinde aus dem Süden und überfielen sie aus dem Hinterhalt!

Es gab noch einmal eine schreckliche Schlacht, und weil ja das große Heer schon in Frankreich war, und Roland und seine Freunde arg in der Minderzahl waren, schaute es für die jungen Helden diesmal gar nicht gut

– 25 –

aus. Sie kämpften zwar wild und schlugen sich tapfer, aber sie merkten bald, dass sie diesmal keine Chance hatten. Nicht einmal das Schwert, das Steine spalten konnte, war hilfreich. Roland war zuerst zu stolz gewesen, in sein Olifanten-Horn zu blasen und Kaiser Karl den Großen zu Hilfe zu rufen, aber schließlich musste er sich doch dazu entschließen. Er blies aus Leibeskräften, sodass die Felswände erbebten. Olifant stieß so fürchterlich laute Töne aus, dass man sie bis weit nach Frankreich hinein hören konnte.

Martin schaut auf die Stecknadelköpfe auf der Landkarte: Hier, in Frankreich also, war Kaiser Karl inzwischen bereits gewesen!
Kaiser Karl kehrte eilig mit seinem Heer um und eilte dem tapferen Ritter Roland zu Hilfe. Inzwischen hatte die schlimmste Schlacht bereits stattgefunden. Da, wo jetzt die schmale steile Straße zum Pass hinaufführt und wo die Pilgerkolonnen friedlich und müde gehen, war das Schlachtfeld gewesen! Von unten aus dem Tal kam die Hilfe von Kaiser Karl; von oben, über den Pass, waren die Verfolger gekommen, und genau

dazwischen, an der engsten Stelle in der Schlucht, hatte die Schlacht getobt. Und genau durch diese Schlucht war die Oma vor einigen Tagen gewandert!
Kaiser Karl der Große war zu spät zurückgekommen. Er hatte seinen Lieblingsneffen Roland sterbend im Gras gefunden, das Horn Olifant und das Schwert Durendart lagen neben ihm.

Eine schreckliche Geschichte! Ist die wirklich wahr?, fragt Martin.
Bei Sagen und Legenden ist immer ein kleiner Teil wahr, und ein Teil ist Übertreibung oder Fantasie, sagt Papa. Bei jedem Weitererzählen kann sich eine Legende ein wenig verändern.
Du kannst die Geschichte genau nachlesen, sagt er, ich suche sie dir im dicken Sagenbuch heraus. Aber eigentlich will Martin diese grausame Geschichte gar nicht genauer kennen. Den Zeichentrickfilm, den findet er jetzt rückblickend auch nicht mehr so lustig. Das mit den Ritterfräulein und den Drachen und den Rossknödeln, das war zwar witzig, aber sicherlich nur geschwindelt. Das haben die nur so gemacht, damit die Zuschauer über die Schlacht lachen statt weinen. Das einzige, was zwischen der Sage und dem Zeichentrickfilm übereinstimmt, ist das Horn Olifant.

Soll ich dem Dominik erzählen, was die Oma über den Ritter Roland geschrieben hat?, überlegt Martin. Nein, lieber nicht. Soll er doch ruhig weiterhin glauben, dass die Geschichte vom Olifant urlustig ist. Der Dominik, der liest sowieso nicht gern, also wird er nicht so schnell das Rolandslied im dicken Sagenbuch nachlesen und erfahren, wie es wirklich ist in der Schlacht gewesen! Ob die Oma manchmal übertreibt, wie Mama behauptet? Oder ob das meiste stimmt, was sie erzählt? Nun möchte Martin es doch genau wissen. Er holt die Leiter, die zu seinem Stockbett hinaufführt und lehnt sie an das Bücherregal im Wohnzimmer. Auf dem obersten Brett stehen die dicken altmodischen Bücher, die Papa gern gelesen hat, als er selber noch ein Bub war. Martin fischt das dickste Buch herunter. Mit dem Zeigefinger fährt er dazu unter den braunen Buchrücken, und da reißt der natürlich noch ein Stück weiter ein. Hoffentlich bemerkt Papa das nicht, er ist ziemlich heikel mit seinen alten Büchern.

Eine kleine Staubwolke rieselt auf Martin herunter. Wenn Mama das jetzt sähe! Aber Mama hat ja in letzter Zeit wirklich wenig Zeit zum Staubwischen. Martin bläst ein weiteres kleines Staubwölkchen von den Buchseiten, bevor er im Inhaltsverzeichnis zu suchen beginnt. So eine altmodische Schrift! Er kann sie nur mit Mühe entziffern. Alle Buchstaben sind irgendwie verschnörkelt und kantig, haben Zacken und Verzierungen und die Anfangsbuchstaben bei jedem Absatz haben sogar goldene Streifen. Hier steht die Sage vom tapferen Ritter Roland, das Rolandslied:

‚Von den Gestaden des atlantischen Ozeans bis in die Waldgebirge Mitteleuropas, vom grünen Nordseestrand bis zu den schneebedeckten Gipfeln der Alpen erstreckte sich Kaiser Karls Reich. In ihm herrschte Friede zwischen den Völkern', liest Martin. Langweilig. Wenn das nicht gleich spannender wird …

‚Keiner war dem großen Herrscher so sehr ans Herz gewachsen wie sein Neffe Roland. Dieser hatte sich trotz seiner Jugend schon in vielen Schlachten bewährt und Ruhm sondergleichen an seinen Namen geheftet…'

Hffff, macht Martin, als müsste er da noch sehr viel Staub wegblasen. Die nächsten Zeilen lässt er aus. Dann geht es zwar im gleichen altmodischen Stil weiter, aber jetzt kommt doch endlich etwas Spannenderes:

‚Der Heldenjüngling nannte ein Schwert aus unzerbrechlichem Stahl sein Eigen und er gab dem Schwert den Namen Durendart.'

Stimmt! Von dem hat Oma geschrieben, und im Zeichentrickfilm ist es auch vorgekommen.

‚Unübertroffen war sein Horn Olifant. Stieß Roland mit Macht in dieses Silberhorn, dann dröhnte der Ton meilenweit wie Donner des Himmels. Roland, der tapfere Ritter, warf sich wieder in den Strudel der Schlacht. Mit wütendem Grimm jagte der Held durch die düstere Schlucht. In höchster Not griff Roland nach dem Horn Olifant. Mit voller Kraft stieß er hinein, und brüllender Donner rollte zwischen den Felswänden des Tales von Roncesvalles.'

Pahh, das ist doppelt aufregend, wenn man weiß, dass es das Tal wirklich gibt und dass dort so eine große Schlacht stattgefunden hat. Oma hat ja sogar die Gedenktafeln fotografiert. Und geschwindelt hat sie diesmal sicher nicht, nicht einmal übertrieben.

In Papas Sagenbuch ist die Geschichte mit dem grausamen Schluss, Rolands Tod, genauso erzählt, nur mit altmodischeren Worten. Martin hat sich rasch an die alte Erzählweise gewöhnt. Die Handlung und sein neues Wissen ergeben zusammen ein Bild, erstaunlich wie im Kino, sagenhaft wie im Buch und lebendig wie in Omas Bericht.

Die Eltern sind mit Jakob wieder in die Klinik gefahren. Martin ist nach einer langweiligen Geigenstunde allein nach Hause gegangen. Fräulein Miller war überhaupt nicht mit ihm zufrieden, nichts hat gepasst, nichts konnte man ihr recht machen. Eine Stunde lang Gemecker. Die Handhaltung ist falsch. Der Bogenstrich ist falsch. Die Körperhaltung ist falsch. Und die Töne waren dann auch wirklich falsch, ziemlich scheußlich gekratzt und gejault. Mürrisch stellt Martin den Geigenkasten hinter die Kinderzimmertür. Er müsse viel mehr üben, hat Fräulein Miller gesagt. Martin nimmt die Geige aus dem Kasten. Aber dann findet er, dass er sich heute schon mehr als genug mit der blöden Geige herumgeärgert hat. Er lässt sie auf seinem Schreibtisch liegen. Dann will er Dominik anrufen und ihm vom Ritter Roland erzählen, natürlich nur den lustigen Teil, wie der ins Horn geblasen hat, dass die Felswände gewackelt haben. Nicht die altmodische Erzählung, die würde dem Dominik sowieso nicht gefallen. Dominik nimmt das Telefon nicht ab. Der ist wahrscheinlich im Park oder auf dem Spielplatz. Darf Fußballspielen und muss nicht Geige üben. Ärgerlich setzt sich Martin vor den Fernseher. So ein verdorbener Tag. Da kommt es auf ein bisschen Geschimpfe wegen dem Fernsehen auch nicht mehr an. Wo ist bloß das Wickie-Video? Da geht es auch um eine Schlacht, und über die könnte man wenigstens lachen. In diesem Moment hört er das Garagentor quietschen, die Eltern kommen zurück. Martin kann gerade noch schnell den Fernseher abschalten. Nix Wickie, nix Schlacht, aber wenigstens ein weiteres Geschimpfe erspart.

Wie war die Geigenstunde, fragen sie natürlich als allererstes, aber sie nehmen sich keine Zeit, um auf Martins Antwort genau zu hören. Hmmbää, murrt Martin daher, und zum Glück fragen sie nicht weiter nach. Na dann, sagt Papa. Was ja beweist, dass er

überhaupt nicht hingehört hat. Gut, sagt Mama. Zweiter Beweis. Na gut. Wenn er das gewusst hätte, hätte Martin noch viel mehr bääää gesagt. Heute ist ihm sowieso ganz und gar nach bääää zumute. Gleich gibt es Abendessen. Aufgewärmtes Kartoffelgulasch. Nächstes bäää. Ein verdorbener Tag von Anfang bis Ende. Jakob ist schon todmüde, der kommt gleich ins Bettchen. Dem haben sie das grausliche Kartoffelgulasch nicht einmal angeboten, das Jaköble bekommt immer seine Lieblingskekse und ganz gute Vitaminsäfte, der Jakob hat es immer viel besser. Als die Eltern nach dem Abendessen wieder über die Therapie und die neuen Befunde zu sprechen beginnen, verdrückt sich Martin endgültig.
Aber sei leise im Kinderzimmer, mahnt die Mutter. Sei leise und weck' Jakob nicht auf! Ha, als ob man wegen dem Jakob leise sein müsste! Der hört ja doch nichts. Mit Geräuschen kann man den gar nicht aufwecken.
Oder doch? Martin überlegt. Wenn die Therapien erfolgreich sein sollten, dann müsste Jakob doch endlich anfangen etwas zu hören. Gegluckst hat er ja immerhin schon einmal und das könnte der Anfang vom Sprechen sein. Wer glucksen kann, ist nicht ganz stumm. Wenn der Jakob endlich wenigstens ein bisschen hören würde, dann könnte man dieses schreckliche ‚taubstumm' vergessen.

Auf dem Schreibtisch liegen Martins Geige und der Geigenbogen. Martin beschließt, den Geigenkratz-Test zu machen. Nur ganz leise. Der Bogen säuselt über die Saiten. (Sei leise und weck' Jakob nicht auf! – Ja, ja, ja, Mami. Es gibt Wichtigeres als Schlafen.) Jakob schläft mit dicken runden roten Backen, seine kleinen Fäuste liegen dicht neben seinen Wangen. Ein zufriedener kleiner Bruder. Eigentlich unheimlich lieb. Wenn er doch nur hören würde! Martin kratzt ein wenig lauter. Jakob seufzt im Schlaf und regt die kleinen Fäuste. Hat er jetzt etwas gehört? Hat er deswegen geseufzt?? Martin kratzt noch lauter über alle Saiten, scheußlich klingt es. Jakob rührt sich nicht. Nicht das allerkleinste bisschen. Martin stupst ihn mit dem Geigenbogen ganz zart an die Wange und spielt drei ziemlich laute Töne. G – Gis – A. Katzenmusik, Katzennachtgejaule. Nichts. Keine Reaktion.
He, du! Jakob! H ö r e n sollst du! Hörst du nicht?

Er hört nichts, er gibt kein Zeichen, er ist wahrscheinlich doch taub – taubstumm!
Martin ist verzweifelt. Er stupst und stößt und haut jetzt mit dem Bogen auf die Saiten, er lässt die Geige kreischen und quietschen und scheußliche, laute, kratzende Töne machen, dazwischen schlägt Martin mit dem Geigenbogen erst auf die Geige, dann seinem kleinen Bruder ins Gesicht, auf die Ohren, hören sollst du, Jakob, h ö r e n, hörst du denn nicht!
Ja-kob!! Jaaaa-kooob!!!

Jakob ist aufgewacht, er schaut seinen großen Bruder verwundert an, was passiert denn da? Was passiert ihm denn da? So etwas hat es noch nie gegeben, Schläge und ein böses Gesicht und so schnelle wilde Bewegungen um seinen Kopf herum, Jakob wehrt die Schläge mit seinen kleinen Händen ab, er verfängt sich in den Saiten, er packt den Geigenbogen, und Martin zerrt und schlägt und weiß nicht mehr was er tut, der Geigenbogen bricht in zwei Teile, jeder Bub hat ein Stück in der Hand und zerrt daran, durch die Saiten sind sie wie aneinander gefesselt. Und Martin schreit, schreit, schreit. Hören sollst du! Hörst du, Jakob?

Papa und Mama stürzen ins Zimmer. Mama reißt den kleinen Jakob aus dem Bettchen. Sie drückt ihn an sich. Sie schaut Martin mit bitterbösen Blicken an. Jakob macht kleine glucksende Geräusche und aus seinen Augen rinnen dicke Tränen auf Mamas Bluse. Aus Martins Augen rinnen auch Tränen. Er kann sich gar nicht erklären, wie das plötzlich so gekommen ist. Er hat seinen lieben kleinen Bruder geschlagen! Den lieben, kleinen armen Jakob! Weil er nicht taubstumm sein soll. Weil Jakob hören soll und reden soll und – und – und … Martin kann es nicht erklären. Er schluchzt, es klingt genauso wie Jakobs kleine Gluckser, und Papa drückt seinen Großen fest an sich und versucht ihn zu beruhigen. Mamas Bluse hat Salzwasserflecken von Jakobs Tränen, und Papas Hemd hat Salzwasserflecken von Martins Tränen. Später sitzen sie dann alle vier auf Martins Bett, Mama, Jakob, Martin und Papa, und die Eltern umarmen und streicheln ihre Buben. Jakob lacht schon wieder, er patscht mit seinen dicken Händchen auf Martins Kopf, und da können alle wieder erleichtert mitlachen.

Wir haben uns etwas überlegt, sagt Papa vor dem Einschlafen ganz lieb zu Martin. Wir lassen den Geigenunterricht eine Zeit lang bleiben. Wäre mit der kaputten Geige sowieso nicht möglich, knurrt Martin grimmig. Und stattdessen kommst du ab jetzt jeden Tag mit zu Jakobs Therapie. Damit du mit uns beobachten kannst, ob er Fortschritte macht. Einverstanden, Großer!? Und wie einverstanden! Martin ist erleichtert wie nie zuvor: kein Geigenunterricht mehr. Nie mehr Fräulein Millers Gemecker: Schlechte Haltung, Martin! Mehr üben, Martin! Papa und Mama sind nicht böse auf ihn. Jakob hat ihn lieb. Und er ist Papas Großer und darf ab jetzt mit zur Therapie. Aber es ist schon komisch: Warum, bitte schön, rinnen ihm bei so viel Glück so viele dicke Tränen über das Gesicht? Wird denn in dieser Familie jetzt ständig geweint?

Oma ist unterwegs ...

Gut im Zeitplan, schreibt sie auf der nächsten Ansichtskarte. Sie hat den Pass überschritten und ist von Frankreich schon ein ordentliches Stück nach Spanien hineingewandert. Viele Pilger gehen den gleichen Weg; Oma ist nie allein und nie einsam. Sie lernt fremde Menschen kennen und ist ganz stolz auf ihre kleinen Spanischkenntnisse. Die letzte Ansichtskarte von Roncesvalles zeigt ein großes Gebäude, in dem mehr als hundert Pilger übernachten können, und eine Kirche, wo alle am Morgen von einem Priester den Pilgersegen bekommen haben.
Und jetzt geht es die Berge hinunter in die Stadt der Stierkämpfe!, schreibt Oma.
Pamplona heißt die Stadt der Stierkämpfe. Natürlich kommt dann auch von dort eine Ansichtskarte. Sie zeigt aber nicht die Stierkampf-Arena, die Martin interessiert hätte, sondern eine alte Kirche, ganz aus Stein, ohne Turmspitze, und die hat der Oma besser gefallen als die Stierkampf-Arena! Dominik hat ein Buch über die alten Römer, da ist

auch eine Arena abgebildet: Ein kreisrundes Freiluft-Theater, wo tausende Zuschauer auf Steinstufen sitzen und bei den grausamen Kämpfen zuschauen, die da unten passieren. Bei den Römern waren es Kämpfe zwischen Menschen und Löwen, hier sind es Kämpfe zwischen Menschen und Stieren! Aber Dominik versteht natürlich, dass ein Stierkampf nichts ist für Oma-Nerven. Oma hatte schon Recht, dass sie aus dieser Stadt möglichst schnell weitergepilgert ist.

Die nächste Ansichtskarte kommt drei Tage später. Eine steinerne Bogenbrücke führt über einen Fluss. Eine Königin hat diese Brücke vor hunderten Jahren für die Pilger bauen lassen, damit diese nicht mehr durch den Fluss waten mussten. Der Fluss war nicht nur deswegen gefährlich, weil er reißend war. Sein Wasser war so giftig, dass sogar Pferde, die davon tranken, innerhalb von kürzester Zeit starben!
Wirklich?, fragt Martin zweifelnd.
Die Sage erzählt es jedenfalls so, sagt Papa:
Am Ufer saßen Räuber und Wegelagerer und raubten die Pilger aus, und den Pferden zogen sie die Haut ab und –
Hört sofort auf mit den gruseligen Geschichten!, ruft Mama aus der Küche.
Steht aber wirklich so da, mault Papa zurück.

Er liest vor:

Von den Wegelagerern am Fluss Salado

Zwei Pilger zogen mit ihren Pferden nach Santiago. Der Weg war einsam, steinig und mühsam. Eine sehr weite Strecke des Weges lag schon hinter ihnen. Pferde und Pilger waren hungrig, durstig und müde und der Abend senkte sich rasch über das Land. Weit und breit war in der verlassenen Gegend kein Gehöft zu sehen, wo sie um Aufnahme und Stärkung hätten bitten können. Da endlich senkte sich der Weg dem Fluss zu.

Am Ufer des Flusses saßen zwei wüste Gesellen. Sie trugen zerlumpte Kleider, stanken nach Schnaps und grölten derb, anstatt auf das höfliche Grüßen der Pilger zu antworten. In ihren Gürteln steckten gefährlich blitzende Messer. Wegelagerer waren in dieser Gegend schon immer sehr gefürchtet. Die beiden Pilger mit ihren Pferden wollten möglichst schnell an den unheimlichen Gestalten vorbei. Da ihre Pferde aber bereits sehr erschöpft waren, fragten sie die Wegelagerer, ob sie sie hier am Fluss tränken dürften. Die beiden bösen Gesellen warfen sich Blicke zu und antworteten mit scheinheiliger Freundlichkeit: Natürlich dürft ihr eure Pferde tränken, geschätzte Pilgersleut'! Wer wollte braven Pilgern diese Bitte abschlagen? Wir ganz bestimmt nicht! Dazu lachten sie laut und böse. Ahnungslos führten die Pilger ihre Pferde ans Wasser. Aber schon nach den ersten gierig getrunkenen Schlucken aus dem Fluss Salado begannen die Pferde zu schnauben und zu keuchen, Schaum trat aus ihren Mäulern, sie verdrehten die Augen und stürzten tot zu Boden wie vom Blitz getroffen. Da kamen die Räuber mit derben Freudenschreien herbeigesprungen. Sie zogen ihre Messer aus dem Gürtel und begannen die Pferde zu häuten. Die entsetzten Pilger liefen, so schnell es ihnen möglich war, flussabwärts bis in ein kleines Dorf. Dort erzählten sie mit Schaudern, was ihnen und ihren Pferden zugestoßen war. Von den Dorfbewohnern erfuhren sie, dass sie keineswegs die ersten und nicht die einzigen Opfer der Verbrecher waren. Niemand konnte der Bösewichte Herr werden. Sie und das giftige Wasser des Flusses Salado waren eine tödliche Gefahr für die Pilger. Erst viele Jahre später, als eine gütige Königin eine Steinbrücke über den Fluss errichten ließ, wurde der Jakobsweg an diesem Abschnitt gefahrloser.

Ob der Fluss noch immer so giftig ist, dass Pferde sterben, wenn sie daraus trinken? Und die Oma, die wird doch hoffentlich nicht auf die Idee kommen, aus dem Fluss zu trinken! Sicher nicht, versichert Papa. In der Wegbeschreibung für die Pilger steht nichts mehr von giftigem Wasser. Jedenfalls geht noch heute der Pilgerweg über die schöne Steinbrücke, gelbe Pfeile sind als Markierung an den Geländersteinen angebracht, und das Bauwerk heißt Puente la Reina, Brücke der Königin. So heißt auch die ganze Stadt, und hier treffen die verschiedenen Pilgerwege zusammen, aus dem Norden, aus dem Osten und von den Pyrenäen kommend. Auch heute noch gibt es auf dem Weg Flüsse, die nicht von Brücken überspannt werden, sondern die man auf einer Furt überqueren muss. Große Steinblöcke wurden hier quer zum Flusslauf gelegt oder einbetoniert, und man muss von Stein zu Stein, von Block zu Block springen, um trockenen Fußes ans andere Ufer zu gelangen. Manche Pilger fürchten diese Flussdurchquerungen, die besonders im Frühjahr bei Hochwasser richtig gefährlich sein können. Man ist froh, heil und trocken in die nächste Herberge zu gelangen.

In den Herbergen trifft man Menschen aus allen Teilen Europas und der ganzen Welt und alle wollen sich in allen möglichen Sprachen unterhalten! In einem Extra-Kuvert hat Oma eine kleine spanische Fahne geschickt. Sie ist rot-gelb-rot, Martin klebt sie gleich auf seine Schultasche. In der Pause erzählt er seinen Mitschülern von der Stierkampf-Stadt und von der Brücke der Königin und von seiner Oma, die jetzt schon mehr als vierhundert Kilometer zu Fuß gegangen ist, über zwei Furten gesprungen ist und noch sechshundert Kilometer vor sich hat.
Wahnsinn!, sagen einige Kinder.
Das schafft sie schon, sagt Dominik.
Aber warum macht sie das?, fragen sie weiter.
Die Oma vom Martin hat einen sehr wichtigen Grund, sagt Dominik geheimnisvoll.
Martin freut sich. Dominik ist wirklich ein lieber Freund. Dominik sagt, er würde dem

kleinen Jakob sogar seinen Ohrstöpsel leihen, später einmal, falls es dann noch nötig sein sollte. Oder sogar schenken. Falls die Oma trotz der tausend Kilometer Bittgang beim lieben Gott vielleicht doch nichts erreicht. Wenn irgendjemand meinen Freund Dominik wegen seinem Sender im Ohr auslacht, werde ich den Kerl verprügeln, beschließt Martin. Aber es lacht sowieso niemand. Sie hüpfen auf dem Schulhof herum und zählen die Schritte. Tausend Hüpfer in einer Viertelstunde, das ist noch nicht mal ein Kilometer!

Oma hat nicht aus dem giftigen Fluss getrunken, soviel steht fest. Ganz im Gegenteil, sie hat aus einem ganz besonderen Brunnen einen ganz besonders guten Saft getrunken: Rebensaft! An einer Klostermauer gibt es tatsächlich einen Brunnen, aus dem Rotwein fließt! Jeder Pilger darf sich zur Stärkung einen Becher füllen und mit Genuss trinken. Schon immer haben nämlich an diesem Kloster erschöpfte Pilger um einen stärkenden Trunk gebeten. Und weil es in dieser Gegend sehr viele Weinberge gibt, haben die Weinbauern vor einigen Jahren beschlossen, als Überraschung für die Pilger Wein aus einem Brunnen sprudeln zu lassen. Oma war natürlich begeistert, und sie war nicht die einzige, die sich da gestärkt hat. Zwei Pilger aus Brasilien, fünf Deutsche, zwei aus

Belgien, ein Italiener, drei Österreicher – sie alle haben auf der Karte unterschrieben, die Oma von der Weinquelle Irache geschickt hat. Dort möchte ich auch einmal hin, hat Papa gegrinst. Ja, ja, hat Mama gesagt, das glaub' ich dir gerne.
Der nächste Ort klingt weniger verlockend: Cirauqui! Komischer Name, kaum auszusprechen. Er bedeutet: Schlangennest! Trotzdem hat Oma dort übernachtet, weil sie an diesem Tag dank der Weinstärkung mehr als zwanzig Kilometer weit gegangen war. In der Herberge war zum Glück keine einzige Schlange, der Name stimmt nicht mehr für das freundliche kleine Städtchen!

Papa hat mit Martin ein lustiges Spiel gemacht, um zu beweisen, wie das so ist mit mündlicher Überlieferung. Beim Weitererzählen kann sich nämlich alles leicht ändern, und dann entstehen Geschichten, Sagen und Legenden, in denen nur mehr ein Körnchen Wahrheit steckt und der Rest ist verändert oder dazu erfunden oder zumindest übertrieben. Papa macht mit Martin das ‚Übertreibungs-Spiel':

Martin sagt: Meine Kusine Karoline hat heute einen Regenwurm gesehen.
Papa: Na und? Was soll daran besonders sein? Wahrscheinlich war es ein besonders großer Regenwurm. Oder sogar eine Schlange. Daher erzählt Papa weiter: Mama, hast du gehört? Karoline hat eine große Schlange gesehen!
Mama: Schlange? Groß? Also eine Riesenschlange? Sehr gefährlich!

Mama ruft Tante Susanne an: Hallo, Susanne, Karoline soll gestern eine Riesenschlange gesehen haben, eine Kobra womöglich, eine ganz gefährliche Giftschlange!
Tante Susanne: Um Gottes Willen! Ist sie gebissen worden??
Onkel Willi, der lieber Bier trinkt und Zeitung liest, anstatt genau zuzuhören, glaubt gehört zu haben: Karoline ist von einer Riesenkobra gebissen worden. Onkel Willi schläft schlecht, er hat zu viel Bier getrunken. Onkel Willi träumt schlecht, einen richtigen Alptraum hat er. Er wacht verknautscht auf und geht unlustig ins Büro. Der Chef sagt: Herr Schneider, wie schauen Sie denn heute aus? Wohl schlecht geschlafen? Onkel Willi antwortet: Na, kein Wunder, Chef! Letzte Nacht ist meine Nichte Karoline gestorben, weil sie zuerst von einer Riesenkobra gebissen worden ist...
So funktioniert das Regenwurm-Übertreibungsspiel! Martin denkt sich gleich noch mehr solche Geschichten aus, damit Dominik auch versteht, wie Legenden entstehen. Dominik hat viel Fantasie, außerdem hört er nicht immer gut zu, weil für ihn das Zuhören anstrengend ist mit seinem Knopf im Ohr. Das werden tolle Legenden werden!
Zum Beispiel: Dominik hat ein kleines Taschenmesser. Wetten, dass im Regenwurm-Übertreibungsspiel dann das Schwert Durendart daraus wird?

Auf dem Schulweg fragt Dominik jeden Tag, ob es Neuigkeiten von Oma gibt. Die Geschichte mit den Wegelagerern hat ihn besonders beeindruckt. Es mag ja stimmen, dass in jeder Legende nur ein Körnchen Wahrheit steckt und alles Drumherum ist dazu erfunden oder übertrieben oder sogar ein bisschen geschwindelt, aber so eine grausame Geschichte kann man doch nicht zur Gänze erfinden! Davon wird schon ein großer Teil wahr sein, das Hautabziehen zumindest, oder, Martin? Martin glaubt ja auch nicht, dass seine Oma schwindelt oder übertreibt. Trotzdem ist er froh, dass sie jetzt schon ein Stück weiter entfernt ist vom giftigen Fluss Salado und von der Weinquelle und vom Schlangennest.

Aus der nächsten größeren Stadt kommt wieder ein dicker Brief von Oma. Zuerst erzählt sie von der lustigsten Pilgerfamilie, die ihr bisher begegnet ist: Vater, Mutter und vier Buben, sechs, acht, zehn und zwölf Jahre alt. Die Mutter ist aus Kanada, der

Vater ist aus der Südsee, mit schwarz glänzender Haut und einem Wuschelkopf und einem kugelrunden Körper und Riesendickbauch. Die Kinder sind Mischlinge, spindeldürr, hell-schokoladenfarbig mit Wuschel-Lockenköpfen und alle zusammen sind mit zwei Eseln unterwegs! Auf die Esel haben sie ihren gesamten Hausrat gepackt. Die Familie will ein ganzes Jahr zu Fuß durch Europa wandern, zwei Monate davon auf dem Jakobsweg in Spanien, wo Oma sie jetzt schon seit etlichen Tagen begleitet. Im Esels-Gleichschritt, marsch!

Muss super sein, lacht Dominik. Ein ganzes Jahr keine Schule!

Ja, aber dafür ein ganzes Jahr zu Fuß laufen, ob das lustig ist? Und von wegen keine Schule! Oma hat sich da natürlich gleich genau erkundigt: die Kinder werden in diesem Jahr von den Eltern unterrichtet. Die müssen doch tatsächlich jeden Tag zusätzlich zu der ganzen Wanderei auch noch lernen! Lesen, schreiben, rechnen, wie ganz normale Schüler und ihre Eltern finden es außerdem wichtig, dass sie Sprachen lernen, wenn sie durch so viele Länder marschieren. Englisch und Französisch können die Buben perfekt, weil ja bei ihnen zu Hause in Kanada beide Sprachen gesprochen werden, und ihr Spanisch ist viel besser als das von Oma. Wunderkinder! Und stell' dir vor: Jeden Tag gibt es von ihrer Mama eine Stunde lang – Geigenunterricht! In den Herbergen geben sie allabendlich im Patio, das ist der Innenhof, ein Konzert für die Pilger: Volkslieder aus Kanada, Wanderlieder aus der ganzen Welt, manchmal Kirchenlieder. Der Vater singt mit einer wunderschönen dunklen Stimme, und die Mama und die vier Buben fiedeln, dass den Zuhörern die Ohren wackeln! Irgendjemand kommt dann stets auf die Idee, mit einem Pilgerhut herumzugehen und Spenden für die Musikanten zu sammeln. So helfen die Buben mit, die Reisekosten zusammen zu bekommen. Für ein ganzes Jahr schulfrei, da kann man sich schon ordentlich anstrengen! Rate einmal, Dominik, wer in den letzten Tagen mit dem Pilgerhut sammeln gegangen ist, na?

Dominik grinst. Du hast schon eine ziemlich spezielle Oma, sagt er dann anerkennend.

Jeden Morgen werden als allererstes die Esel gefüttert, gebürstet und sorgsam neu beladen. Sogar große Wassereimer müssen mitgetragen werden und Futtervorräte, denn in den Städten sind die schwierig zu bekommen. Der Koffer mit den Schulsachen kommt obenauf. Für seinen Schlafsack und den Geigenkasten ist jeder Bub selber verantwortlich. Und dann marschieren alle weiter, jeden Tag zwanzig Kilometer, wie die Oma, wenn die Esel nicht vorher streiken!

Martin und Dominik haben viele Fragen. Ob noch nie einer der Buben versucht hat, seine Geige absichtlich zu vergessen? Oder die Schultasche? Ob die Esel wirklich am liebsten Disteln fressen, und ob es genug Disteln auf dem Jakobsweg gibt? Und wer wird schneller müde: Esel oder Menschen? Papa und Mama wissen da auch keine Antworten, man wird auf die Oma warten müssen. Ob die Familie die Esel schon aus Kanada mitgebracht hat? Auf einem Schiff? Oder im Flugzeug? Was wird mit den Eseln passieren, wenn das Wanderjahr zu Ende ist?
Und ob die Buben wirklich jeden Tag Geige üben müssen? Die Idee, mit Musikmachen Geld zu verdienen, gefällt Dominik. Aber ein Flötenkonzert mit nur fünf Tönen – mehr kann Dominik nämlich noch immer nicht – würde ziemlich kurz ausfallen. Hänschen klein, ging allein, in die weite Welt hinein, das geht mit fünf Tönen. Und Jingle Bells. Na also dann, sagt Dominik zufrieden. Martin, du gehst mit dem Hut rundum und kassierst...

Von der Esels-Familie hat Oma folgende Legende erfahren:

Die Eselin des Jakobus

Im Mittelalter zog ein Edelmann aus Flandern mit seiner Frau und den beiden Kindern nach Santiago de Compostela, eine Reise von mehr als zweitausend Kilometern! Die Kinder waren erschöpft und die Frau war krank vor Überanstrengung, als sie mit ihrem Pferd, das sie als Lastenträger mitführten, in der Stadt Pamplona einzogen. Ein Wirt erklärte sich bereit, die Familie samt Pferd aufzunehmen. Die Frau starb nach wenigen Tagen in der Herberge an Erschöpfung. Da zeigte der Wirt sein wahres Gesicht: Nichts als Scherereien und Unannehmlichkeiten habe ich mit euch Fremden, keifte er. Schert euch fort! Aber das Pferd bleibt hier als Bezahlung eurer Schuld! Gedemütigt und verzweifelt zog der Edelmann weiter gen Westen, nun musste er die Kinder tragen, die entkräftet und mutlos geworden waren. Da stand nach einigen mühseligen Tagesetappen eine Eselin am Wegrand, und ein alter Mann in Pilgerkleidung mit Hut und Muschel schenkte dem Edelmann das Tier, damit er mit seinen Kindern wohlbehalten nach Santiago kommen sollte.

In Santiago gingen Vater und Kinder sofort in die Kathedrale, um für die verstorbene Mutter zu beten und dem guten Mann zu danken, der ihnen den Esel geschenkt hatte. Da gab sich der fremde Pilger zu erkennen: Es war der heilige Jakobus persönlich gewesen, der mit seinem Geschenk den Edelmann und seine Kinder gerettet hatte. Geht zurück nach Pamplona, sagte der Heilige zu der Familie, ihr werdet in der Herberge euer Pferd wohlbehalten wiederfinden und die Satteltaschen werden gefüllt sein mit Goldstücken für eure glückliche Heimkehr; denn der Wirt hat Unrecht an euch getan, sein böses Tun hat ihn ins Grab gebracht und zur Sühne sollt ihr sein Hab und Gut erhalten. Die Familie kehrte mit dem Esel nach Pamplona zurück und fand dort ihr Pferd vor, wie der Heilige es ihnen versprochen hatte: die Satteltaschen voll mit Goldstücken. Sie schenkten die brave Eselin, die sie nach Santiago und zurück getragen hatte, weiter an einen anderen armen Pilger. Mit den Goldstücken stifteten sie ein edles Holzkreuz zum Gedenken an die verstorbene Mutter, und dann kehrten sie behütet nach Flandern zurück, getröstet von ihrer Pilgerschaft. Man sieht viele Kreuze auf dem Weg, die in Erinnerung an Erlebnisse von Pilgern gestiftet wurden: zum Dank für Rettung oder Erhörung, anderen Pilgern zum Nachdenken und zur Besinnung. Die Pilger grüßen sich mit ‚hola' und wünschen einander mit ‚buen camino' einen guten Weg.

In dem dicken Kuvert, das der Briefträger an diesem Tag gebracht hat, sind noch ein paar dicht beschriebene Seiten. Oma hat die Hühnerlegende aufgeschrieben, und die Hühnerlegende erzählt vom Galgenwunder. Die Geschichte soll sich im Städtchen Santo Domingo de la Calzada ereignet haben, wo Oma gerade vor drei Tagen in einer der schönsten Herbergen des Jakobsweges gemeinsam mit der Eselfamilie übernachtet hat. Die Herberge ist in einem alten Palast untergebracht, der war ursprünglich das Wohnhaus von Santo Domingo, jenem Heiligen, der dem ganzen Ort seinen Namen gegeben hat und dessen Taten und Wunder noch heute lebendig weitererzählt werden – nicht nur in Spanien! Santo Domingo ist eine kleine reizende Stadt auf dem Jakobsweg. Auf dem ‚camino', wie Oma inzwischen den Jakobsweg bei seinem spanischen Namen nennt.

Die Hühnerlegende

Ein Ehepaar zog mit seinem Sohn Hugonell nach Santiago de Compostela (im 14. Jh., so lange erzählt man sich diese Legende schon). Im Wirtshaus zu Santo Domingo verliebte sich die Magd in den Pilger Hugonell und versuchte, den jungen Mann zu verführen. Er aber wies sie tugendhaft zurück. Aus Rache versteckte sie einen silbernen Becher zwischen seinen Kleidungsstücken und bezichtigte ihn des Diebstahls. Die Leute glaubten der bösen Magd, der junge Mann wurde an Ort und Stelle vom Landrichter verurteilt und auf den Richtplatz vor der Stadt gebracht, um dort gehängt zu werden. Seine Eltern, die weitergegangen waren, hörten unterwegs von nachkommenden

Pilgern die schreckliche Geschichte. Aber im Traum hörten sie außerdem die Stimme ihres Sohnes, der ihnen mitteilte, dass er dank des heiligen Domingos, der ihn an den Beinen hielt, noch am Leben sei. Sofort eilten die Eltern zurück in das Städtchen Santo Domingo de la Calzada und suchten den Landrichter auf, um Gnade für ihren Sohn zu erbitten. Der Richter saß am Mittagstisch und war eben dabei, gebratene Hähnchen zu essen. Er sagte: Ihr kommt zu spät, gute Leute! Euer Sohn ist bereits so tot wie diese Hühner auf meinem Teller!

Da geschah das Wunder: Die Hühner flatterten vom Teller hoch, durch das offene Fenster hinaus und auf und davon! Sofort eilten alles Volk und die Eltern und der Richter hinaus vor die Stadt zum Richtplatz. Der junge Mann wurde vom Galgen geschnitten und in letzter Sekunde vor dem Tod gerettet! Immer wieder erzählte dann der junge Mann, er habe genau gespürt, dass ihn jemand an den Beinen hochhielt. Aber ob das nun Santo Domingo, der heilige Stadtpatron gewesen war, oder die heilige Maria, oder der heilige Santiago – das wusste Hugonell nicht. Und wer sollte das heute, nach sechshundert Jahren noch wissen? Ein Wunder war geschehen – und das war wunderbar!

Auch in dieser Legende steckt sicher ein Körnchen Wahrheit und viel Fantasie rundherum.

Sie ist aus Lissabon bekannt und auch in Barcelona erzählt man sie so ähnlich. Aber natürlich scheint sie hier in Santo Domingo de la Calzada am glaubwürdigsten, schließlich sieht man in der Cathedrale de Santo Domingo den Hühnerstall über dem linken hinteren Seitenaltar mit lebendigen Hühnern – wirklich, Martin! Lebende Hühner in einer Kirche, als

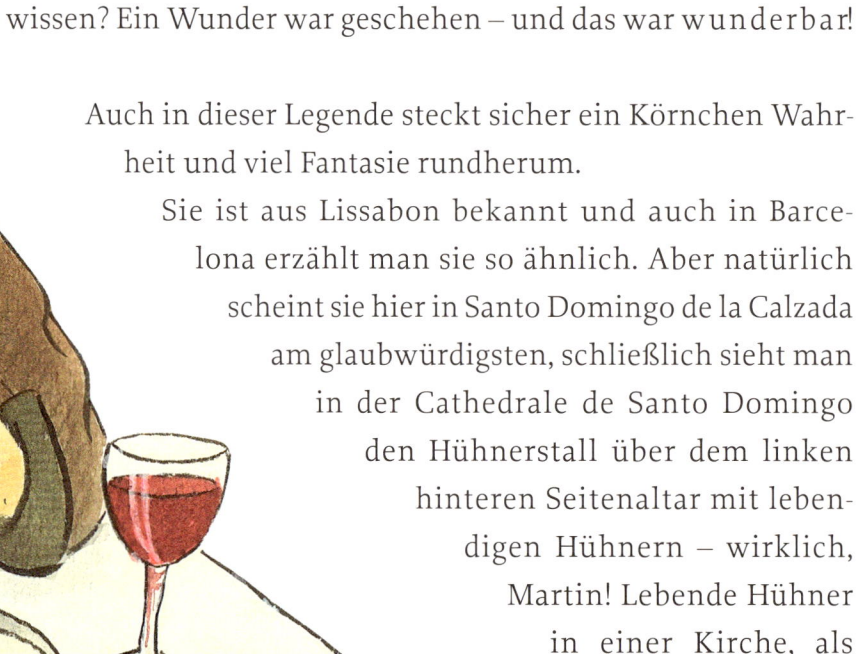

Erinnerung an das Wunder, einen prächtigen weißen Hahn und zwei Hennen, die da ihr Hühnerleben genießen dürfen! Alle drei Wochen werden sie ausgewechselt und kommen in einen großen Hühnerkäfig im Garten der Herberge. Oma hat die Hühner, die gerade ihren Kirchenurlaub genießen dürfen, mit altem Brot gefüttert. Ich hoffe, dass sie, nach diesem Dienst für den Tourismus, in Freiheit auf einem Hühnerhof landen und nicht gleich im Kochtopf, schreibt sie. Der heilige Domingo schaut von einem anderen Seitenaltar fassungslos zu, wie busweise Touristen kommen und, selber eine gackernde Schar, laut schnatternd durch die Kathedrale rennen und auf die Sitzbänke steigen, weil sie das legendäre Federvieh fotografieren und zum Krähen bringen wollen. Im Gästebuch der Herberge steht ganz frisch eingetragen: Marcel hat den Hahn zum Krähen gebracht!

Wundervoll!, lacht Papa.
Findest du?, fragt Mama verwundert. Sie findet Oma und ihre Geschichten eher etwas wunderlich. Nein, wirklich wundervoll, wiederholt Papa. Wunderschöne Geschichte und Oma ist zu bewundern! Martin bemerkt mit Verwunderung, dass ständig von Wundern geredet wird und dass in jeder Bemerkung ein kleines Wunder steckt. Er selber findet Oma – super, würde er normalerweise sagen, aber jetzt sagt er grinsend: wunderbar!

Die Zeit vergeht. Martin hat schon seit einigen Tagen nicht mehr ausgerechnet, wie viele Kilometer Oma jetzt bereits zurückgelegt haben muss und wie viele ihr noch bevorstehen bis Santiago de Compostela. Daran ist die neue Nachmittags-Einteilung Schuld. Gleich nach dem Mittagessen fährt die komplette Familie mit Jaköble in die Klinik. Martin kann sich mitfreuen, dass Jakob der Liebling der Station ist. Der kleine Schlingel bringt mit seiner guten Laune alle zum Lachen. Und wenn Jakob nur ein bisschen gluckst, geraten alle in wahre Begeisterung. Habt ihr gehört, Jakob hat gegluckst!

Heute sollen viele kleine Saugnäpfe an Jakobs Kopf angebracht werden. Viele feine Kabel führen zu einem Computer, auf dem sich Martin gerne auskennen würde. Aber

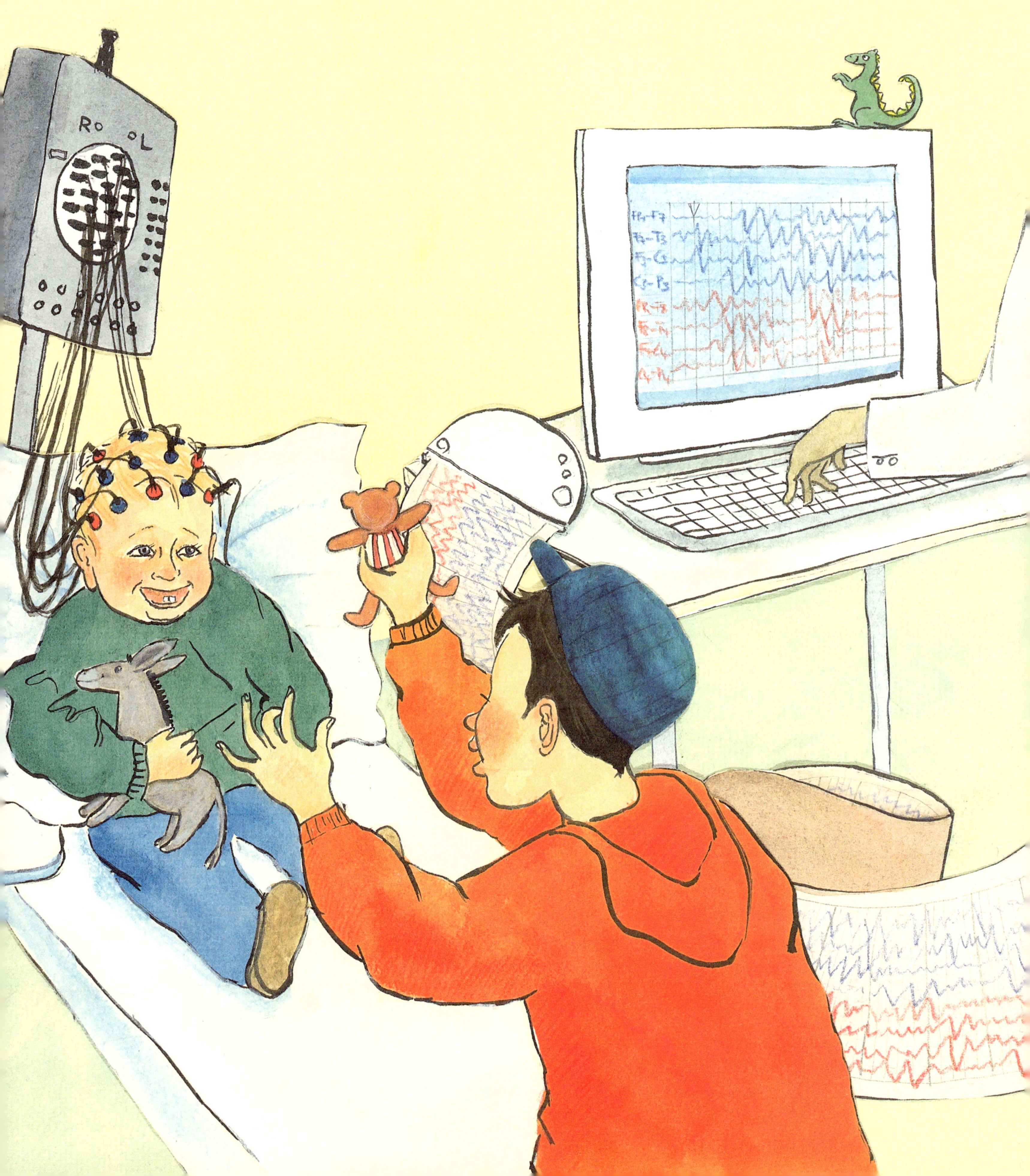

leider hat niemand Zeit, ihm das Gerät näher zu erklären. Alle starren auf den Bildschirm. Dort fährt ein Stift auf und ab und hin und her und zeichnet sonderbare Zacken auf einen Papierstreifen. Zuerst nur ganz kleine Wellenlinien, aber als die Schwestern und Papa und Mama und eine Schar von Ärzten das Jaköble zum Lachen bringen, werden die Wellenlinien immer zackiger und sie schauen dann genau so aus, wie Martin in der ersten Klasse die Berge gezeichnet hat: steil und spitz. Und über diese Zacken und Spitzen freuen sich alle, die Eltern und die Ärzte. Später erklärt ein Herr Doktor Martin, dass damit die Gehirnströme von Jakob aufgezeichnet und immer wieder miteinander verglichen werden, und die Zacken sagen eindeutig aus, dass er etwas wahrnimmt. Der Herr Doktor hat nicht gesagt, dass Jakob h ö r t. Aber ‚etwas wahrnehmen' kann doch eindeutig nur mit Hören zu tun haben, oder? Martin wird sich beim Nachdenken immer sicherer: Das Wunder beginnt endlich. Jakob beginnt zu hören. Martin beschließt, seinen kleinen Bruder oft zum Lachen zu bringen, damit die Zacken bald spitzig genug sind.

Damit die Zacken bis zum ersten Geburtstag von Jakob spitzig genug sind, murmelt Martin unbemerkt vor sich hin, immer wieder: Damit die Zacken spitzig genug sind … Papa hat's gehört. Ach, mein Großer, sagt Papa und drückt Martin fest an sich. Das wird ein Fest werden, was? Na klar, sagt Martin, ein wunderbares Riesenfest!

Noch fünfhundertfünfzig Kilometer bis Santiago. Oma hat es auf der Rückseite der Jakobslegende aufgeschrieben und gleich selber ausgerechnet: Noch mindestens siebenundzwanzig Tage, wenn sie weiterhin zwanzig Kilometer pro Tag marschiert. Das könnte allerdings in den nächsten Tagen schwierig werden, denn jetzt kommt eine große Stadt, die durchquert werden muss. Da gibt es viel zu sehen, Kathedralen und Königspaläste und schöne Häuser von reichen spanischen Edelleuten und Oma überlegt, ob sie sich zwischendurch einmal einen Ruhetag in einem guten Hotel leisten soll. Hoffentlich nicht, denkt Martin, denn dann sind es noch mindestens achtundzwanzig Tage und es wird knapp bis zu Jakobs erstem Geburtstag. Es ist bereits der 4. Oktober! Am 4. Oktober steht im Kalender: Franz von Assisi. Welttierschutztag!

Franz von Assisi ist der heilige Franziskus, von dem sie in der Schule schon gehört haben.

Er war der Sohn von ganz reichen italienischen Geschäftsleuten, aber Franziskus wollte arm sein! Er hat alles, was ihm gehört hat, verschenkt. Er wollte nicht mehr in dem Palast seiner reichen Eltern wohnen. Fast ohne Kleider, mit wenig Essen und zusammen mit einigen Freunden, die ihn verstanden haben, hat er im Wald gelebt und ein armes Leben geführt.

Er hat mit den Tieren gesprochen, einmal hat er sogar zu den Vögeln im Wald gepredigt! Und da gab es einen bösen Wolf, der tagelang eine italienische Stadt in Angst und Schrecken versetzt hat. Franziskus hat den Wolf gezähmt, sodass der ihm von da an nachgelaufen ist wie ein braves Hündchen.

Schon wieder wunderliche Geschichten! Da ist es natürlich nicht erstaunlich, dass Oma auch von diesem Heiligen, dem Franz von Assisi, zu berichten weiß. Sie hat in der Stadt Santo Domingo, der Hühnerlegenden-Stadt, einen Stein in der alten Pilgerherberge fotografiert. Auf diesem Stein steht in spanischer Sprache: Se dice que el serafico patriarca san francisco de asis fue huesped de este antiguo hospital de peregrinos en el año 1215. Das heißt auf Deutsch: Man sagt, dass der heilige Franziskus von Assisi hier in dieser alten Pilgerherberge im Jahre 1215 zu Gast war. Die Oma hat vielleicht im selben Zimmer geschlafen wie fast achthundert Jahre vor ihr der berühmte Heilige Franz von Assisi! Schön langsam fange ich an zu glauben, dass Omas Bittgang auf dem Jakobsweg doch eine gute Idee war, sagt nun sogar die Mama.

Und außerdem, ruft Mama am Nachmittag ganz aufgeregt, außerdem weiß ich jetzt, wie die Geschichte mit dem heiligen Jakobus in Spanien weitergegangen ist! Sie hat in der Leihbücherei ein Buch bekommen, das die Legende zu Ende erzählt. Die Bibliothekarin wollte das Buch eigentlich der Oma geben, aber die ist ja jetzt schon fast dort, am Ziel, wenn man so sagen kann. In dem Buch steht nämlich gleich zu Anfang: Der Weg ist das Ziel, und das findet Martin irgendwie komisch, aber Papa und Mama nicken ganz weise dazu und sagen, das wirst du erst später einmal verstehen, Martin. Na gut. Aber wie war das mit dem heiligen Jakobus und seinem Weg und Ziel in Spanien?

Der Apostel Jakobus war erfolglos nach Jerusalem zurückgekehrt und dort vom König Herodes bei der Christenverfolgung geköpft worden. Sein Leichnam fuhr auf dem Schiff ohne Besatzung, nur von Engeln geleitet, bis vor die spanische Küste. Dort wurde der Sarg an Land gespült. Und jetzt kommt das Neue: Zwei seiner Jünger in Spanien, sie hießen Athanasius und Theodorus, fanden den Sarg und wollten ihren Herrn natürlich ordentlich bestatten. Dazu mussten sie allerdings erst die Königin um einen geeigneten Platz fragen. Die Königin hieß Lupa und war eine sehr böse, hartherzige alte Frau. Geht hinauf auf den Berg Illicinus (heute heißt dieser Berg Pico Sacro), dort werdet ihr zwei friedliche Ochsen finden, die werden euch helfen, den Sarg an den richtigen Ort zu transportieren, sagte die Königin Lupa. Als Athanasius und Theodorus sich dem Berg näherten, fuhr ihnen ein feuerspeiender Drache entgegen und wollte sie vernichten. So hatte sich die böse Lupa das vorgestellt! Aber die beiden frommen Jünger schlugen ein Kreuzzeichen – sofort zerbarst der Drache in tausend Teile und die Jünger konnten ihren Weg fortsetzen. Nun kamen die angeblich friedlichen Ochsen angerannt – es waren wilde Stiere, die die Jünger tot trampeln wollten! Wieder schlugen Athanasius und Theodorus ein Kreuzzeichen: Die Stiere legten sich sanft in die Wiesen, machten große freundliche Kuhaugen und wurden zu willigen braven Tragtieren! Das überzeugte die Königin Lupa, sodass sie den Jüngern nun keine weiteren Schwierigkeiten mehr machte und die Bestattung des Apostels Jakobus erlaubte.

Aber dann, so fuhr Mama nach dem Vorlesen der Königin-Lupa-Sage fort, dann ist noch etwas Komisches passiert: Obwohl der Sarg sorgsam bestattet und eine kleine Kapelle darüber errichtet wurde, sind die Gebeine – verschwunden! Niemand weiß genau, wann und warum, aber Tatsache ist, dass die Gebeine für achthundert Jahre unauffindbar blieben. In dieser Zeit hat natürlich auch niemand mehr an das Grab des Apostels Jakobus gedacht. Die Geschichte schien ein für alle Mal zu Ende zu sein.
Ist aber nicht so gewesen, sagt Martin schlau. Sonst würde Oma ja jetzt nicht ausgerechnet dorthin pilgern, wenn dort nicht noch irgendetwas Auffälliges passiert wäre.
Genau, sagt Mama. Ein schlauer Kerl, unser Martin!
Die Grabstätte war in Vergessenheit geraten. Gras wuchs über die Geschichte und über den Grabhügel. Dann lebte um das Jahr 830 ein Einsiedler-Mönch mit dem Namen Pelayo in dieser Gegend (heute ist dort die Ortschaft Libredón). Bei seinen stundenlangen Gebeten hörte er eines Tages himmlische Musik. Während der kommenden Nächte sah er unerklärliche Lichtzeichen, kreiselnde Sterne und ein himmlisches Leuchten. Pelayo entdeckte ein großes prunkvolles Marmorgrab und meldete dies dem Bischof Teodomiro, der daraufhin ein dreitägiges Fasten und Beten anordnete. Während dieser Besinnungszeit hatte er die Eingebung, dass es sich bei dem Marmorgrab um die Begräbnisstätte des heiligen Apostels Jakobus handeln müsse. Er ließ die von den wunderbaren Lichtzeichen überstrahlte Stätte freilegen und bestätigte den Fund als das Grab von Jakobus und seiner beiden Jünger.
Wie viel von dieser Erzählung nun Wahrheit und wie viel davon Fantasie, Legende, Sage, Wunschvorstellung ist, das weiß niemand genau. Damals jedenfalls haben die Wallfahrten zum Apostelgrab begonnen und sind seither in 1200 Jahren nicht mehr zum Erliegen gekommen. Millionen Menschen sind in diesem Glauben nach Santiago de Compostela gepilgert.

Hunderttausende Pilger jedes Jahr und diesmal ist Oma dabei. Und alle hunderttausend Pilger bekommen vom lieben Gott ihre Wünsche erfüllt? Nein, natürlich nicht. Wunder sind selten und geheimnisvoll und etwas ganz Besonderes. Im Mittelalter hat der spanische König Alfonso X. die Wunder, die ihm in seinem Reich zu Ohren gekommen sind, gesammelt und daraus zwölf Lob- und Preislieder gedichtet, und jedes dieser Lieder hat mehr als zwanzig Strophen! Von hunderten Wundern wird da gesungen, von der Heilung kranker Körper und Seelen, von Auferweckung von dem Tod und zwischendurch einige Schelmenstücke: Die heilige Maria soll unwürdige Pilger in die Irre geführt haben, die mussten dann große Umwege machen! Der König Alfonso ist seit Jahrhunderten tot, sein Schloss ist zerfallen. Die Stadt, in der er lebte, ist heute ein kleines Dorf mit wenigen Einwohnern, aber noch heute wird dort in der großen Kathedrale Virgen la Blanca, das heißt ‚weiße Muttergotter', bei jeder Pilgermesse aus den Lob- und Preisliedern gesungen, von Wundern und wunderlichen Begebenheiten und von Menschen, die nach Santiago de Compostela gegangen sind und Gott für ihren Lebensweg gedankt haben. ‚Compostela' bedeutet übrigens Friedhof. Viele Menschen sind damals an Erschöpfung gestorben, der Jakobsweg wurde für sie zum Friedhof. Es kann aber auch anders übersetzt werden: Campus bedeutet Feld, und Stela heißt Stern. Also Sternenfeld. Sternenfeld, das ist ein Begriff, der gut zu unserer Oma passt. Martin denkt an die vielen Gute-Nacht-Geschichten, die sie ihm erzählt hat. Es ist so wohltuend, müde im Bett zu liegen mit schweren Augen, die zufallen wollen, und beim Blinzeln sieht man durch das Fenster hoch oben das Sternenfeld mit tausendfachem Glitzern und Funkeln, und dazu hört man leise den Schluss einer schönen Geschichte und dann Omas ‚Gute Nacht, schlaf' gut, mein Großer.'

Jeden Abend kommen Bilder und Worte aus Omas Briefen an Martins Bett, so deutlich, dass er den Weg klar vor sich sieht: Die gelben Markierungspfeile an Hausecken und Brunnenrändern, an Bäumen und an den flachen Steinen, die nach Westen weisen; die eigenen langen Schatten am Morgen und der in der Hitze flirrende Staub am Mittag; das Skelett eines Esels im Strassengraben und darüber Geier am hohen Firmament; smaragdgrüne Eidechsen zwischen Disteln und seltene blau-orange-farbene Vögel,

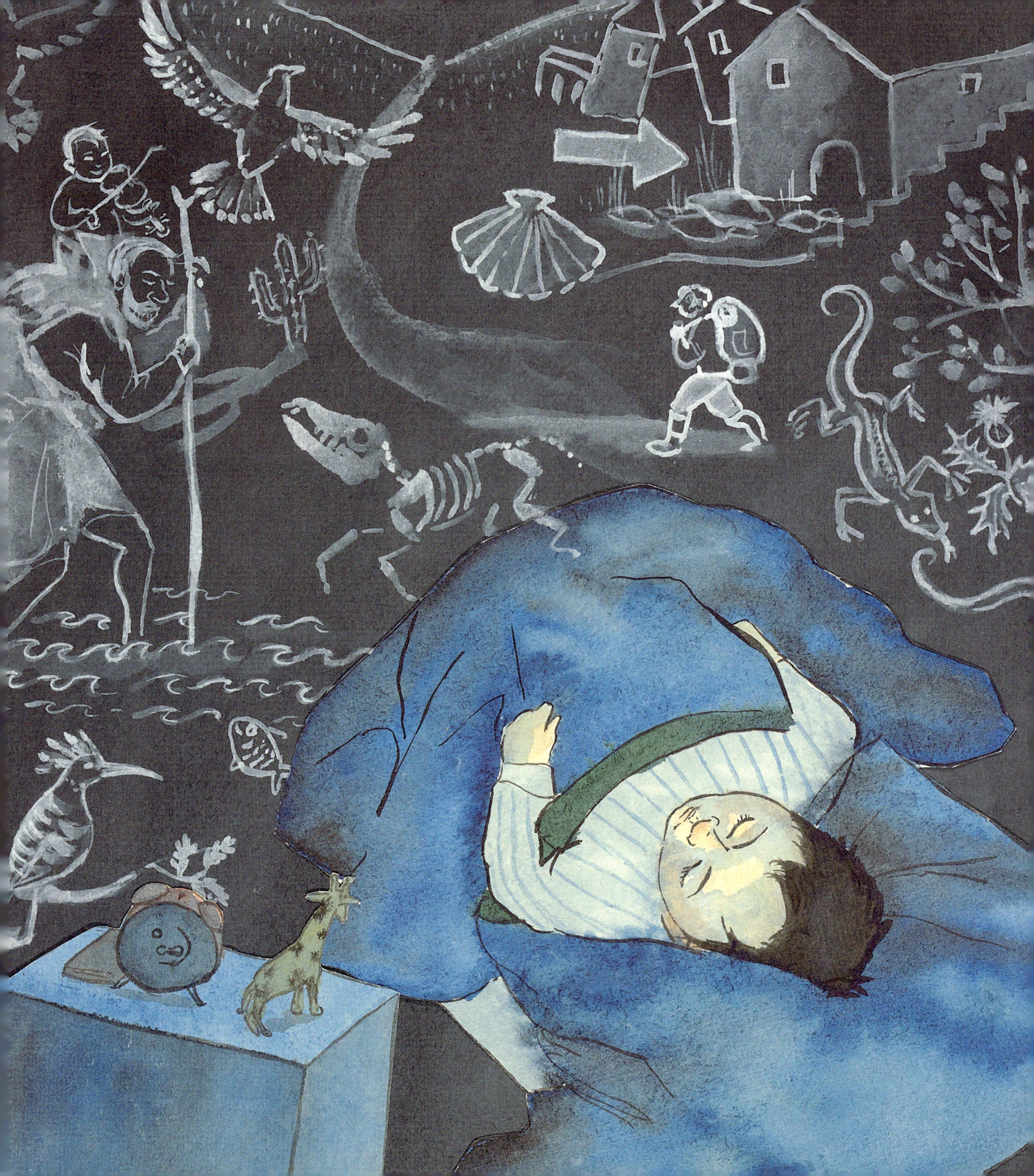

Wiedehopfe, auf den Stoppelfeldern. Wirklichkeit und Fantasie verweben sich zu Träumen. Komisch, auch in dieser Nacht kommt wieder eine Geige in seinem Traum vor. Er sieht seinen kleinen Bruder Jakob auf der Schulter des heiligen Christophorus sitzen und fiedeln! Dass Jakob die G-Lage auf der Geige viel, viel besser spielt als Martin das jemals konnte, das ärgert ihn im Traum. Er schreit den Jakob an: Du Frosch, Du falscher Frosch! Da lacht Jakob nur und sagt: Ich hör' dich nicht, ich hör' dich nicht!

Ein Foto im nächsten dicken Briefumschlag: Oma sitzt auf einem Brunnen, die Füße baumeln über dürrem, graubraunem Gras, auf dem Brunnenrand liegen dicke pralle Trauben. Oma ist in der Rioja, einer Gegend, wo jetzt gerade die Trauben geerntet werden. Dann ist die Landschaft ja doch nicht so karg wie sie auf den Ansichtskarten ausschaut, meint Mama beruhigt. Und aus Trauben macht man guten Wein, ergänzt Papa und schaut ein bisschen sehnsüchtig drein. Neben dem Brunnen liegt Omas Rucksack. In jeder Außentasche steckt eine Literflasche Mineralwasser. Man weiß nämlich nie, ob man im nächsten Dorf frisches Trinkwasser bekommen wird. Jede Literflasche macht den Rucksack um noch ein Kilo schwerer.

Von dem Städtchen Fromista hat noch niemand von ihnen je zuvor gehört. Die Kirche auf der Karte schaut interessant aus. Es ist schon wieder eine Martins-Kirche. Wahrscheinlich ist der heilige Martin in seinem Leben auch hier durchgeritten und kennt das Städtchen und die Kirche, die jetzt ihm geweiht ist: San Martin de Fromista. Das Dach wird von dreihundertfünfzig großen Konsolen-Steinen getragen, als Tierköpfe, Fratzen oder menschliche Figuren gestaltet. Der Eingang in die Kirche, das große Portal, wird mit einem Bogen abgeschlossen, darauf sind nicht wie sonst Engel und Heilige dargestellt, sondern alle Handwerker, die bei dem Bau der Kirche mitgearbeitet haben: Maurer, Steinmetze, Tischler, Architekten – vierzehn Arbeiter-Figuren mit ihrem Werkzeug! In der Kirche selbst – eine der größten auf dem Jakobsweg – brennen vorne auf den Altarstufen viele, viele Kerzen: Für jeden Wunsch, für jede Bitte ein Licht. Und ganz sicher eine große Kerze für den großen Wunsch, die große Bitte für Jakob.

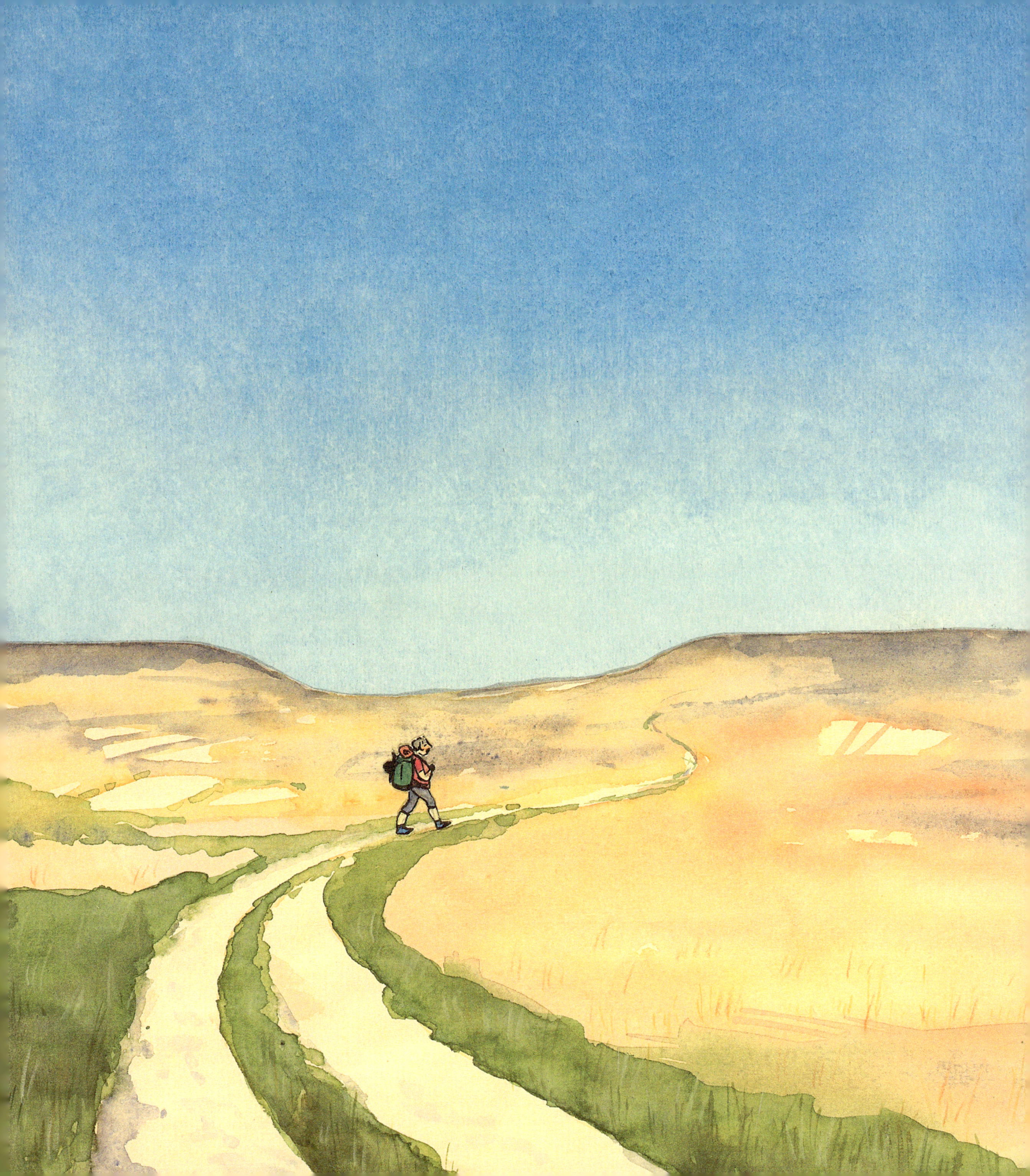

Nach Fromista, so schreibt Oma, beginnt der interessanteste Teil der Mesetas. Papa muss Martin erstmal erklären, was ‚Mesetas' sind: mit Gras bewachsene Hochebenen. Flaches, ebenes Land, endlos weit. Klingt nicht sehr interessant, findet Martin. Finde ich auch, sagt Mama. Was soll an Gras und Ebene schon besonders sein? Papa weiß es auch nicht. Aber Oma scheint davon echt begeistert zu sein. Sie hat Fotos mitgeschickt. Auf denen sieht man wirklich nichts Interessantes. Da ist kein Baum, kein Strauch, kein Haus. Nur endlos weite Ebene, braunes dürres Gras. Und irgendwo im Hintergrund stößt die braune Graslandschaft am blauen Himmel an.
Was ist daran so toll?, fragt Martin.
Man geht stundenlang, ohne etwas anderes zu sehen als Gras. Dürres braunes Gras. Sonst nichts. Und dabei kann man wunderbar denken. Nichts lenkt von den wichtigen Gedanken ab. Also wirklich, mit diesem Brief von Oma kann Martin nicht viel anfangen. Denken – über nix? Und das noch dazu stundenlang? Zu ihm sagt dauernd jemand: Konzentrier' dich, Martin. Denk' mal darüber nach. Aber wahrscheinlich denkt die Oma nicht über ‚nix' nach, sondern sie grübelt, wie sie den lieben Gott für die Ohren von Jakob interessieren kann. Deswegen ist sie ja unterwegs. Eine Legende hat sie auch wieder aufgeschrieben. Seit einigen Tagen ist sie nämlich mit einer Gruppe von Mexikanern auf dem Weg. Die haben die weite teure Flugreise von Mexiko nach Spanien gemacht, um genau wie Oma nach Santiago de Compostela zu Fuß zu gehen. Was die wohl für Bitten nach Santiago schleppen? Sie haben Oma nichts davon verraten. Oder ist Omas Spanisch vielleicht nicht ausreichend für solche Geheimnisse? Die Legende, die sie Oma erzählt haben, klingt recht seltsam und fremd: Sie handelt von einem Indianer, der mit seinem Truthahn durch die Gegend marschiert.

Indio, Gott und Teufel

Der Indianer mit dem Truthahn (aus Mexico, Provinz Chiapas) ging müde durch die Wüste, und er sah genau so aus wie man sich einen kleinen mexikanischen Indianer vorstellt: Dürr und braun gebrannt, mit schwarz glänzenden Augen und Haaren, einem bartlosen faltigen Gesicht unter seinem Sombrero und einem in weite Ferne gerichteten Blick. In der Ferne war auch nichts anderes als Wüste – graubraune Dürre mit einigen schrumpeligen Riesenkakteen und mit einem einzelnen Baumskelett, auf dessen Spitze ein Geier saß und wartete. Er würde nicht mehr sehr lange auf Futter warten müssen, denn der kleine Mexikaner war von Hitze, Durst und Hunger geschwächt, sein letzter und einziger Besitz war ein dürrer magerer Truthahn, den er um die Schulter gehängt trug. Da kam der Teufel durch die ausgedorrte Wüste auf ihn zu, begrüßte den kleinen Indianer freundlich und forderte ihn auf, den Truthahn mit ihm zu teilen. Du kannst alles dafür von mir verlangen, wenn du mit mir teilst!

Aber der Indianer wusste: Der Teufel verspricht viel und hält nichts. Man hört nichts Gutes von dir, sagte er daher zu ihm. ‚Mit dir will ich nicht teilen.' Etwas später kam der liebe Gott persönlich durch die Wüste.

Er hielt vor dem Baumskelett und der kleine Mexikaner grüßte ihn mit gebührendem Respekt. Teile deinen Truthahn mit mir, forderte der liebe Gott, dann sollst du alles von mir haben! Gott fordert, dachte der kleine Indianer, aber wie könnte ich mich auf ihn verlassen? Immer habe ich versucht, ihm zu gehorchen, aber von Lob und Belohnung habe ich noch nichts bemerkt, immer hilft er nur den Großen, Reichen, und die Armen lässt er im Staub der Wüste hungern und dursten. Nein, sagte der kleine Indianer daher, Gott, du bist nicht gerecht, mit dir kann ich nicht teilen, zu klein ist mein Vertrauen.

Nach einer kleinen Weile kam der Tod durch den Wüstensand herangeschlichen und hielt mit freundlichem Grinsen vor dem kleinen mexikanischen Indianer. Teile deinen Truthahn mit mir, forderte er, und es soll dir gut gehen. Der kleine Indianer blickte kurz zurück auf sein armseliges Leben und sagte dann: Ja, Tod, mit dir will ich teilen, dir kann ich vertrauen. Denn man hört nur Gutes von dir. Du bist gerecht und auf dich kann man sich verlassen.
Gott, Tod und Teufel kannst du auch heute noch in der Wüste begegnen, aber überlege dir gut, wem du dein Vertrauen schenkst, und sei so weise wie der kleine mexikanische Indianer aus Chiapas es war.
Diese Geschichte passt auch in andere Länder, findet Papa. Auf dem Jakobsweg würde dann allerdings nicht ein Indianer mit Truthahn gehen, sondern ein spanischer Bauer mit einem Schaf.

Die Mexikaner tragen ein zwei Meter hohes Holzkreuz mit, das wollen sie in die Kathedrale nach Santiago bringen. Das Kreuz haben sie seit Mexiko immer dabei, auf dem zwölf Stunden langen Flug über den Atlantik und jetzt schon seit hunderten von Kilometern auf ihren Schultern. Sie wechseln sich beim Tragen ab, denn das Kreuz ist noch viel schwerer als ihre Rucksäcke. Die müssen wohl Riesenprobleme haben, wenn sie sich mit dem schweren Kreuz so abplagen! Bei uns, sagt Martin, sind es ja nur die Ohren von Jakob. Dominik nickt. Er ist ein verständnisvoller Freund. Er seufzt schwer, auch er hat Riesenprobleme.

Eine kleine Schwester, die ständig schreit, macht die Nerven der Familie kaputt. Ein kleiner Bruder, der nie schreit, macht die Nerven der Familie auch kaputt.
Hmmm. Martin und Dominik seufzen im Duett. Gehen wir Fußball spielen, schlägt Dominik vor. Immerhin, seit die Geige kaputt ist, hat Martin mehr Zeit zum Fußballspielen. Alles hängt irgendwie zusammen.
Und Oma ist noch immer unterwegs,
und die Zeit vergeht
und vergeht
und vergeht
und Jakobs Geburtstag kommt näher
und näher
und näher,
nur mehr knapp drei Wochen bis zu Jakobs erstem Geburtstag!

Noch eine sonderbare Geschichte haben fremde Pilger – peregrinos – pilgrims – pellegrinos – der Oma erzählt, Pilger aus Brasilien, aus Puerto Rico und Chile. Die spanisch sprechenden Südamerikaner haben eine besondere Beziehung zu Spanien, weil ihr Land ja von dort aus besiedelt worden ist und daher sind ihre Bräuche und Legenden oft ähnlich wie die der Spanier. Einige Pilger hätten sich gerne einen Stierkampf angeschaut, aber die großen ‚corridas' finden im Sommer statt, und Oma hat mit den Südamerikanern geschimpft: Solche Grausamkeiten, die schaut man sich am besten überhaupt nicht an! Die Pilger haben ihr einen Brauch aus ihren Ländern geschildert:

El toro – der Stier und der große Vogel Condor

Der große Vogel Condor ist das Symbol für Freiheit. Mit seiner Flügelspannweite von mehr als drei Metern zieht er majestätisch durch den blauen Himmel über Peru, Chile, Kolumbien und den anderen südamerikanischen Staaten. Freiheit ist diesen Völkern sehr wichtig. Der Stier, ‚el toro', ist das Symbol für die Spanier, die diese Länder erobert und unterdrückt haben. Der Stier stellt also den Feind dar. Bei manchen Gelegenheiten wird ein Condor gefangen, gefesselt und einem Stier auf den Rücken gebunden. Beide Tiere geraten dadurch in arge Panik. Der Condor hackt mit seinem gefährlich scharfen Schnabel den Rücken des Stieres blutig. Der Stier wird wild und tobt und versucht mit aller Kraft, den Peiniger auf seinem Rücken loszuwerden. Es ist ein schrecklicher und blutiger Kampf, der so lange geht, bis eines der beiden Tiere zu Tode erschöpft ist. Grausam, hat Oma geschimpft und wiederholt: Solche Grausamkeiten schaut man sich am besten überhaupt nicht an. Manchmal aber, so sagte ein Pilger aus Chile, manchmal gelingt es dem Condor, die Fesseln durchzuhacken und sich in die Freiheit aufzuschwingen, und das sehen die Leute dann als Sieg über die Unterdrückung an.

Sahagun. Die nächste Post von Oma. Wieder braunes Gras, das irgendwo in der Ferne mit dem Himmel zusammenstößt. Ein paar Sonnenblumen. Eine kleine Stadt, ganz aus roten Ziegeln gebaut, sogar die Kirchen. Diese haben keine spitzen Türme wie unsere, sondern viereckige, ohne Spitzdach, ohne Kuppel. Die Ziegel sind zu schönen Mustern gemauert. Die Herberge ist in einer ehemaligen Kirche, wir haben im Kirchenraum in Stockbetten geschlafen, schreibt Oma. Und trotz Mitte Oktober ist es noch sehr heiß in Sahagun. Zum Glück kommt gleich auf der nächsten Tagestour ein kleines Wäldchen, das Schatten spendet. Pappelbäume, in Reih' und Glied gepflanzt, sollen Schatten geben und den ewigen Wind abhalten. Wer hat diese Bäume gepflanzt? Dazu gibt es schon wieder eine Geschichte. Wieder eine grausame?, fragt Martin. Papa wiegt den Kopf hin und her und schaut zweifelnd zu Mama. Soll er die Geschichte überhaupt vorlesen? Sie ist nämlich wieder ziemlich grausam. Gibt es denn dort in Spanien nicht auch liebe, freundliche Legenden? Das wird Oma beim Heimkommen erklären müssen! Aber noch ist Oma nicht am Ziel. Sie ist immer noch unterwegs.

Die Legende von den Märtyrern von Sahagun erzählt aus der Zeit der Christenverfolgung. Einige Christen rammten ihre Lanzen aufrecht in den Boden, als sie in der Nacht vor der Schlacht gewissenhaft ihre Waffen für den Kampf vorbereiteten. Bei Anbruch des nächsten Tages sahen jene, die für ihren Gottesglauben den Märtyrertod erfahren sollten, dass ihre Lanzen Rinde und Gezweig trugen. Sprachlos über das Wunder, schnitten sie sie dicht über dem Boden ab, und aus den Schäften wuchsen die großen Wälder, die noch heute an diesem Ort zu sehen sind.

Den Dominik kann man für so ernste Geschichten nicht begeistern. In letzter Zeit liest er sowieso nur Hunde-Geschichten. Der Herr Lehrer hat beim Sprechtag gesagt, dass er im Lesen große Fortschritte gemacht hat. Dominik grinst siegessicher von einem Ohr zum anderen und holt sich das nächste Hunde-Buch aus der Schulbücherei. Er hofft, dass er damit seine Eltern überzeugen kann, ihm einen Hund zu schenken. Gleich beim Mittagessen wird er es auf den Tisch neben den Teller mit den Palatschinken legen. Wetten, Martin, sagt er, bis Weihnachten habe ich sie so weit, dass sie mir den Struppi aus dem Tierheim erlauben? Schön wär's, sagt Martin. Der Struppi ist wirklich lieb, wenn der einmal dem Dominik gehört, dann gibt es sicher lange lustige Spaziergänge! Klar, verspricht Dominik. Ki-kilometerlange Ssssssspaziergänge! Vor Aufregung stottert Dominik manchmal ein bisschen. Dafür scheint es mit seinen Ohren besser zu gehen. Klar, sagt Dominik wiederum. Die Ohren sind wie sie sind, groß, rund, rot. Du wirst sehen, Martin, zu Weihnachten kann ich die Ohrstöpsel verschenken. Da hast du dann ein Geschenk für den Jakob. Super. Wieder ein paar Euro Taschengeld gespart. Martin hat zwar eher an eine Schalmei gedacht: Wenn er dem Jaköble eine Schalmei schenkt, freut der sich sicher und Martin könnte die Schalmei immer ausborgen und heimlich Schalmei-Blasen lernen. Statt Geige kratzen. Nämlich die Geige, na ja, die muss der Papa nicht mehr reparieren lassen. Dieses Kapitel ist für Martin abgeschlossen. Er weiß nur noch nicht, wie er es den Eltern endgültig beibringen soll, dass er die Geige nie, nie wieder anrühren wird. Wo es wohl Schalmeien zu kaufen gibt? Und ob die sehr teuer sind? Vielleicht wären die Ohrstöpsel wirklich eine gute Idee. Falls Jakob sie dann überhaupt noch braucht.

Zu Martins Eltern hat der Herr Lehrer am Sprechtag gesagt, dass er in letzter Zeit so ruhig und zerstreut ist. Ob er vielleicht irgendeinen Kummer habe? Oder ein Problem? Zu still, zu brav.... Es scheint, als wäre er mit seinen Gedanken weit fort, tausend Kilometer weit weg.

Na, das bekommt man ja nicht oft zu hören, dass ein Bub zu brav ist, meint Papa. Unseren Kummer, den tragen wir gemeinsam, und wenn jetzt bald ein kleines Wunder geschieht, dann haben wir überhaupt kein Problem mehr, stimmt's, Martin? Martin nickt. Keine Rede von der Geige. Natürlich sind die Ohren vom Jakob gemeint. Das große Problem. Der Kummer. Die ganze Familie trägt gemeinsam … ja, ja. Papa und Mama tragen jeden Tag Jakob in die Therapiestunde, Oma trägt den Rucksack voller Bitten quer durch ganz Spanien, und alle denken ständig an das große Ohren-Problem. Ganz insgeheim allerdings hat Martin an ein Meerschweinchen gedacht. Ganz heimlich nur. An ein liebes, kleines, streichelweiches Meerschweinchen. Wenn er seine Eltern dazu bringen könnte, ihm so ein liebes kleines weiches Meerschweinchen zu erlauben! So ein frecher Kämpfer wie Dominik ist er leider nicht. Der liegt seinen Eltern seit Wochen ununterbrochen in den Ohren mit seinem Wunsch, jetzt sind sie schon ziemlich mürbe! Der Dominik, der wird seinen Hund sicher bekommen. Aber bei uns, denkt Martin, bei uns geht es tagaus und tagein immer nur um schwerhörige Ohren. Martin seufzt. Schade, sagt er leise zu sich selber, schade, dass ich zu still und zu brav bin.

Den Naturkunde-Test hat Martin total vergessen. Die Schüler sollen etwas über Säugetiere schreiben. Außer Struppi, Dominiks Wunschhund, fällt ihm kein Säugetier ein. Zuerst hat Martin lange an dem Ende seines Filzstiftes herumgekaut. Aber er ist schlau: Muscheln sind doch auch sehr interessante Tiere, und vielleicht weiß der Herr Lehrer ja nicht, dass …

… dass Muscheln tief unten am Meeresboden leben. Wenn ihre Lebenszeit abgelaufen ist – wegen ihres Alters, oder wegen starker Stürme, manchmal auch wegen giftigem Öl, das aus verunglückten Tankern ausfließt – dann werden sie an den Strand gespült. Die Möwen picken die weichen Reste der Tiere heraus und verfüttern sie an ihre Jungen, und die Muschelschalen, die ‚shells', wie man im Englischen sagt, trocknen an der

Küste. Pilger und Touristen sammeln die Muscheln ein. Die schönsten Stücke werden mit einem Kreuz oder anderen Symbolen verziert, bekommen eine Kordel durchgefädelt und werden verkauft. Die Muschel ist auch das Symbol für gute Fahrt, bemerkt Martin so nebenbei und denkt an die Tankstelle mit der Muschel, an der er auf seinem Schulweg vorbeikommt. Ein super Naturkundetest ist das geworden. Ein Sehrgut – ganz bestimmt!

Einige Tage lang hat Martin nicht an Oma gedacht. Sie ist jetzt schon so lange unterwegs, da gewöhnt man sich an ihre Abwesenheit. Außerdem hat sich viel geändert, seit sie weg ist. Das Geigenspiel fällt jetzt weg. Spazierengehen und Geschichten vorlesen – das liegt schon sooo lange zurück. Martin geht allein zum Spielen mit Dominik, und abends liest er die lustigen Tiergeschichten, die ihm sein Freund empfiehlt, und Omas Sagen und Legenden.

!! Manzanas und ranas!!
Lauter Ausrufezeichen hat Oma um diese Überschrift gemacht.

Die Geschichte unter den Ausrufezeichen, die gibt es nur in spanischer Sprache in einem spanischen Sagenbuch und Oma will sie in Deutsch übersetzen, falls ihre Sprachkenntnisse dazu ausreichen. Aber eins ist sicher: Es ist eine ganz wunderbare Geschichte!, schreibt sie. Diesmal macht sie es aber spannend, grinst Papa. Vorläufig ist nur eine Ansichtskarte im Briefkasten: Braune Lehmhäuser in braunen Gassen auf braunen Wiesen und im Hintergrund etwas, das ausschaut wie ein eingetrockneter Teich, auch braun. Und was ‚manzanas und ranas' sind, erfährt man hier natürlich noch nicht, nur drei dicke rote Ausrufezeichen hat Oma auf die Rückseite der Karte gemacht. Und das soll etwas Wunderbares werden?

In den nächsten Tagen kommen weitere Ansichtskarten, von einem kleinen Städtchen, das von einer dicken steinernen Stadtmauer umgeben ist. Auch alles braun. Komische Gegend, findet Mama. Niedrige Häuser, meistens aus braunem Lehm, kleine Dörfer mit erstaunlich großen Kirchen und Kathedralen, manche davon nur mehr Ruinen nach Erdbeben und nicht mehr benützt, aus manchen Kirchendächern wachsen Bäume und Sträucher heraus. In Abständen von etwa dreißig Kilometern Hospize, in denen man wie seit Jahrhunderten den Pilgern ein Nachtlager bietet. Fast auf jedem Dach – Storchennester! Dann eine große Stadt. Sie heißt León, was soviel bedeutet wie Löwe, und tatsächlich gibt es ein Löwendenkmal auf dem Hauptplatz. Das schönste an León ist die riesige Kathedrale mit den allerschönsten Glasfenstern der Welt. In León hat Oma von der kanadischen Esel-Familie Abschied nehmen müssen. Mit zwei Eseln ist es unmöglich, in einer Stadt Unterkunft zu finden, so musste die Familie weiterziehen. Oma selber hat die Stadt gründlich besichtigt und ist erst am nächsten Tag weitermarschiert. Auf dem Weg hat sie noch einige Spuren von den Eseln gefunden (hihihi, kichert Dominik, Rossknödel – oder heißt das richtig Eselsknödel?), die Kanadier waren aber eine Tagesreise voraus, zwanzig Kilometer Vorsprung. Nicht mehr einzuholen, schade. Oma hätte den Buben gerne nochmals beim Geigenspiel zugehört.

Dann eine kleine Stadt, die man nur über eine lange, lange Brücke erreicht. Puente de Orbigo. Ein schöner Name. Richtig spanisch. Die Brücke stammt aus der Römerzeit und hat vierzehn Brückenbögen, über die eine gepflasterte Straße führt, nur fußgängerbreit, Autos können hier nicht fahren. Es gibt hier jedes Jahr ein großes Ritterfest. Auf dem Festplatz wehten noch die Fahnen im Wind, das Turnier selber war leider längst vorbei.

Irgendwie reicht's mir jetzt schon, sagt Martin. Immer noch unterwegs, immer noch unbekannte Städte und Dörfer. Jetzt muss Oma noch einen Pass überqueren. Auf der höchsten Stelle steht das berühmte Eisenkreuz, dort legen die Pilger Steine ab, die sie von zu Hause mitgebracht haben. Manche Leute schreiben ihre Bitten oder Grüße und Wünsche darauf. Ob Oma wirklich einen Stein aus unserem Garten auf dem langen Marsch mitgetragen hat? Oder ob sie ein bisschen schwindelt und einen spanischen Stein hinlegt? Und ob sie auf diesen Stein vielleicht ein Ohr gezeichnet hat? Rund um das Eisenkreuz liegt schon ein großer Hügel von Steinen. So viele Bitten werden nach Santiago getragen!

Dann noch etwa zehn Tagesmärsche. Jetzt sind wieder grüne Berge und sogar verschneite Gipfel auf den Ansichtskarten zu sehen. Die letzte Bergüberquerung war sehr anstrengend für Oma.

Jetzt ist sie in der westlichsten Provinz von Spanien. Galicien heißt das Land. Es ist so grün wie Irland, weil es hier ebenso viel regnet. Der Westwind trägt die Schlechtwetterwolken vom Atlantik herein. Ha! Endlich eine gute Nachricht! Der Atlantik muss also schon ziemlich nahe sein. Martin und Papa setzen wieder Pins an die Orte, aus denen die Ansichtskarten kamen: León-Löwenstadt, dann die Stadt mit der langen Brücke, dann die Orte in den Bergen, die die Oma Kuhfladen-Dörfer nennt. Warum wohl? Und jetzt Galicien. Na ja, im Vergleich zu der Strecke, die schon hinter ihr liegt, hat Oma nun nicht mehr allzu viel vor sich, mit Siebenmeilenstiefeln über die Kuhfladen!

Endlich kommt der angekündigte dicke Brief. Oma hat handschriftlich eine Übersetzung von der spanischen Sage aufgeschrieben in ihren altmodischen Spitzen und Zacken, die man so schwer lesen kann. Fast wie der Zackenstreifen mit Jakobs Ohr-Signalen. Manche Wörter hat sie nicht übersetzt, wahrscheinlich glaubt sie, jeder weiß was zum Beispiel ‚manzanas' und ‚ranas' sind. Ihr Spanischwörterbuch ist nicht zu finden, wahrscheinlich ist es in ihrem dicken Rucksack. Aber im Laufe der Geschichte kommt man natürlich darauf: von Äpfeln und Fröschen ist die Rede.

Die Legende von ‚manzanas und ranas'

In der kastilischen Ebene erzählt man sich die Legende von Äpfeln und Fröschen, dem einzigen Reichtum rund um El Burgo Raneros. Schon seit Jahrhunderten geht der Jakobsweg auch durch dieses Dorf. Aber weder mit seinen Äpfeln noch mit den Fröschen und schon gar nicht wegen irgendwelcher schöner, kostbarer Bauten hätte der Ort jemals Berühmtheit erlangen können. Die Äpfel sind herb, denn die Böden sind einen Teil des Jahres ausgedörrt, hart und staubig, und den anderen Teil des Jahres sind sie von stauender Nässe schlammig und moorig und nur für die zahllosen Frösche ein Paradies. In den bescheidenen Lehmhäusern leben Bauern und Schafzüchter, und schon vor Jahrhunderten klagten sie über die schlechten Böden, die mageren Ernten und vor allem über das nicht enden wollende Gequake der Frösche, tagaus, tagein und nächtelang. Die allerärmste Bauernfamilie hatte zu ihrem Jammer noch zusätzliche Sorgen: Ihr jüngster Sohn war ohne Stimme und ohne Gehör geboren worden. Immerhin war der Bub der einzige im Dorf, der sich nicht über das ständige Froschkonzert beklagte! Er saß zufrieden am Rand des Sträßchens, das aus dem Dorf weiter nach Westen auf die große Stadt León zuführt, und von dort noch weit, weit über die Berge bis Santiago de Compostela und sogar bis ans Ende der Welt, Finisterre. Er sah den Fröschen bei ihren gymnastischen Übungen zu, er beobachtete auch die Störche, die reichlich Frühstück fanden und gelegentlich konnte der Bub einem vorbeiwandernden Pilger zuwinken.

Eines Tages blieb ein ganz besonderer Pilger bei ihm stehen. Er war groß und mit einem braunen Mantel gekleidet, und er trug die Muschel, die ihn als Jakobspilger auswies, vorne auf der Krempe seines Hutes. Er hatte staubige Sandalen an den Füßen und einen kräftigen Wanderstock, an dem die Kalebasse, eine aus einem Kürbis gemachte Trinkwasserflasche, baumelte, aber es war ganz klar, dass er sie hier an den schlammigen Tümpeln nicht würde auffüllen können. So schenkte ihm der Knabe den Apfel, den er von zu Hause als Tagesration mitbekommen hatte. Es bringt Glück, einem Pilger etwas zu schenken, sagten die Leute in den Dörfern damals. Er konnte dem Wanderer leider nicht ‚buen camino' wünschen, weil er doch ohne Stimme war, und er konnte auch die

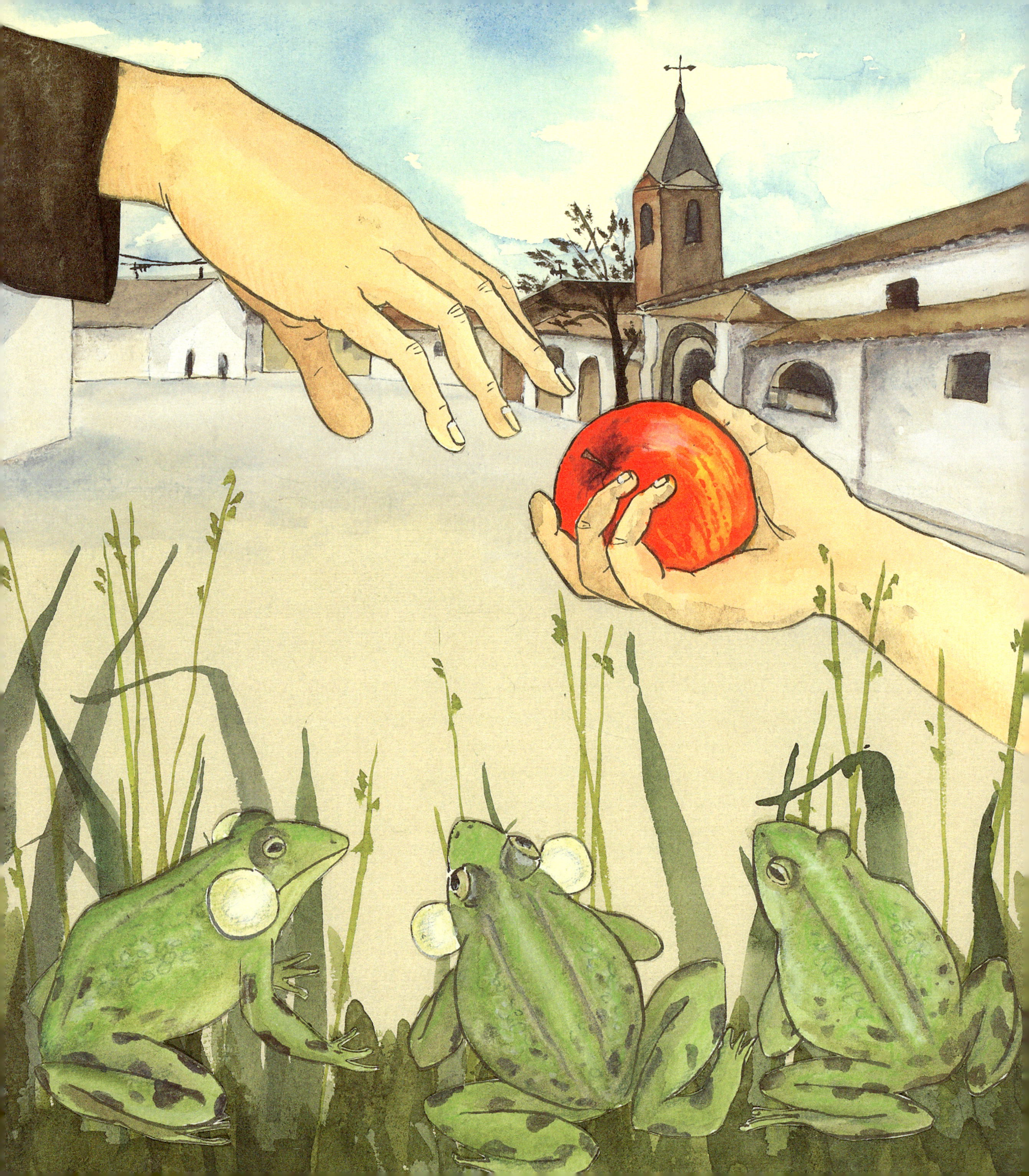

Dankesworte des Pilgers nicht hören, weil er ohne Gehör war, aber er lächelte ihn an, schüttelte ihm die Hand und begleitete ihn ein Stück nach Westen hinaus. Zum Abschied streichelte der Pilger über den Scheitel des Buben, umarmte und segnete ihn.

Als der Bub ins Dorf zurücklief, schien es ihm, als füllte sich sein Kopf mit herrlichem, nie zuvor gehörtem Gesang: a - a - a und qua - qua - qua, und seine Überraschung sprudelte aus seinem Mund: Hört, Leute, hört! Die Frösche – sie quaken nicht, sie s i n g e n! Las ranas cantan! Sie singen vom schönen kastilischen Land, von den Teichen und Tümpeln und von den Apfelbäumen, die sich darin spiegeln. Sie singen von Sonne und Hitze und vom roten Staub der Mesetas, sie grüßen die Wallfahrer, die hier tapfer durchziehen bis an ihr Ziel in Santiago de Compostela! Alle Leute lauschten dem kleinen Jungen mit großem Erstaunen. Und er, der doch bisher weder gehört noch gesprochen hatte, er hörte und beantwortete ihre Fragen. Bald waren alle davon überzeugt, dass ihr Dorf, El Burgo Raneros, das schönste, liebste und interessanteste Dorf Spaniens sei, denn allen schien es nun ebenso, dass die Frösche nicht quakten sondern wunderschön in Jubelchören sangen. Und wo sonst in der Welt gibt es ein Dorf, das widerhallt vom Jubelchor aus tausend Froschkehlen? Die Leute hatten das Wunder verstanden. Manchmal soll der heilige Jakobus selbst noch auf dem Weg sein. Heute ziehen Pilger und Wanderer aus aller Welt durch El Burgo Raneros, zu dutzenden, zu hunderten, zu tausenden, und manchem von ihnen fällt am westlichen Ortsende das Froschkonzert auf. Les grenouilles groassent, sagen die Franzosen. The frogs are croacking, die Frösche quaken, sagen sie in Englisch und Deutsch und las ranas cantan auf Spanisch. Wer die Legende von Manzanas und ranas kennt, erinnert sich an das Wunder und erzählt es weiter. El Burgo Raneros, das Frosch-Dorf, und die schönste Geschichte des Jakobswegs! W u n d e r v o l l! Auch Mama und Papa finden die Geschichte wundervoll – also wirklich voller Wunder. Dass zum Beispiel der heilige Jakob höchst persönlich noch manchmal auf dem Weg sein soll! Und dass der kleine Bub seinen Apfel verschenkt hat, wo er doch selber nur einen einzigen als Tagesverpflegung mitbekommen hatte! Jetzt reden sie alle durcheinander, Martin, Papa, Mama, und alle meinen das selbe Wunder. Das Wunder, auf das sie alle so sehr hoffen: Dass der kleine Bub plötzlich hören und reden kann.

In der nächsten Nacht träumt Martin lauter Blödsinn: Von Fröschen, die Helme auf ihren grünen Köpfen haben und sich mit Schwertern gegenseitig die Ohren abhauen – wo haben Frösche überhaupt ihre Ohren? – und von Burgfräulein, die in saure Äpfel beißen und dann ganz sauer dreinschauen; von sumpfigen Wiesen, wo die tapferen Ritter bis zum Hals im Schlamm stecken bleiben und dann immer ‚Croack, croack' schreien, und von einem Mann in Pilgerkleidung mit einer Geige um den Hals, der mit Riesenschritten in Riesensandalen über den Weg schreitet und dazu ständig laut in sein Olifantenhorn bläst, sodass allen die Ohren wackeln, und er ruft: buen camino, buen camino!

Es war aber nur der Traum-Olifant. In Wirklichkeit war es der Wecker an Martins Ohren. An diesem Tag mussten nämlich alle eine Stunde früher aufstehen. Die Eltern fuhren mit Jakob zu einer Schlussuntersuchung ins Stadtspital und Martin durfte nach der Schule zu seinem Freund Dominik.

Die Schulstunden wollten nicht vergehen! Drei Mal musste der Herr Lehrer sagen: Martin, du Träumer! Du bist schon wieder mit deinem Kopf ganz weit weg!
Ja, ja, ich bin ein Träumer, zu still, zu brav, murmelte Martin, aber in Wirklichkeit war er natürlich mit den Gedanken schon einige Stunden voraus beim Spielen mit seinem Freund.
Der Nachmittag verging kurzweilig und lustig wie immer in Dominiks Familie, und als Höhepunkt durften die Buben wieder einmal den Struppi im Tierheim besuchen. Der würde gut in diese Familie passen!

Abends wird Martin abgeholt. Da will er seinem Papa gleich im Auto ausführlich von Struppi erzählen. Aber Papa ist irgendwie geistesabwesend und hört nur halb zu und sagt ständig an unpassenden Stellen ja, ja und so, so und hm, hm. Zuhause nimmt Martin sein Brüderchen huckepack auf den Rücken – er ist genau so schwer wie Omas Rucksack! – und läuft mit ihm einige Runden durch Küche und Wohnzimmer, damit er müde wird. Dann bringt Mama den Kleinen ins Bett und hat auch keine Zeit zum

Zuhören. Dabei möchte Martin so gern erzählen, wie lustig und schlimm der Struppi vom Tierheim ist!

Ist irgendetwas Schlimmes mit Jakobs Ohren passiert?, fragt Martin schließlich, weil ihm einfällt, dass ja heute die wichtige Schlussuntersuchung im Spital war. Etwas Schlimmes?, wiederholt er und hat plötzlich viel Angst. Alle Lustigkeit ist auf einmal weg. Struppi ist weit weg, Dominik ist weit weg, aller Übermut vom Nachmittag ist plötzlich wie hinter einer dicken Milchglasscheibe verschwunden. Angst. Riesenangst. Jakob. Lieber kleiner Bruder. Stumm, taubstumm. Mamas nasse Augen. Jakobs Ohren. Das sind die wichtigen Sachen in seiner Familie. Die gehen ihm nicht aus dem Kopf! Martin schaut zwischen Papa und Mama hin und her. Angst. Angst. Angst. Aber Mamas Augen sind glänzend-nass – voll mit Freudentränen! Sie nimmt ihren Großen an den Schultern und schüttelt ihn und schüttelt ihren Kopf, unglaublich, und Papa kommt jetzt dazu und schüttelt und umarmt die beiden ganz fest, ein fest verknotetes Familienknäuel steht vor Jakobs Bettchen. Jakob, die Hauptperson, ist schon eingeschlafen. Seid leise, sagt Mama, und da lacht Papa ganz laut, dieser Witz ist zu alt, wegen Jakob muss man doch nicht leise sein! Jakob macht trotz Gelächter keinen Mucks, Papa und Mama lachen glücklich und schallend weiter, denn: Unser Jaköble wird hören! Das hat die heutige Untersuchung eindeutig ergeben. Die Zacken auf dem silbernen Aufzeichnungsgerät waren so hoch und spitzig wie noch nie, fast so stark wie bei ganz gesunden Ohren waren sie! Die Ärzte haben die Zacken auf Papier ausgedruckt und sich mitgefreut, und diesen Zackenpapierstreifen hält Papa jetzt hoch wie eine Siegesfahne und Martin kann mitstaunen. Riesenzacken! Riesenfreude! Jakob wird hören! Noch ist es nicht so weit, niemand weiß genau, wann das sein wird, und vielleicht wird Jakob ein bisschen schwerhörig bleiben.
Aber J a k o b w i r d h ö r e n !
Pssssst, sagt Mama noch einmal für alle Fälle, und Papa und Martin kichern. Sogar als er später selber im Bett liegt und eigentlich schnell einschlafen soll nach so einem aufregenden Tag, sogar da muss Martin noch kichern: Dominik ist voller Ungeduld und muss warten. Auf seinen Struppi. Papa und Mama sind voller Ungeduld. Sie warten

darauf, dass Jakobs Ohren hören. Und Martin selber ist voller Ungeduld. Er wartet darauf, dass Oma endlich heimkommt. Es gibt sooo viel zu erzählen.

Martin huscht im Pyjama noch einmal zu der großen Landkarte in Papas Arbeitszimmer.
Er schaut auf die glänzenden Pins, die Omas Weg durch Nordspanien markieren. So weit ist sie schon gegangen! In der letzten Zeit hat sie etliche Ansichtskarten geschrieben, aber keine Sagen und Legenden mehr. Es kommt Martin so vor, als hätte sie mit Manzanas und ranas, der wunderbaren Geschichte von Äpfeln und Fröschen schon die allerschönste Wundergeschichte berichtet. Diese eine Geschichte allein war es wert, die lange Pilgerreise zu machen! Jetzt soll sich die Oma endlich beeilen, dass sie nach Santiago de Compostela zum Heiligen Jakobus und dann möglichst schnell nach Hause zurückkommt! Aber noch ist Oma unterwegs. Beim Ausrechnen, wie viele Kilometer und wie viele Tage noch fehlen, ist Martin dann doch endlich gut eingeschlafen und hat von einem zehn Kilo schweren Rucksack geträumt, und da waren lauter saure Äpfel drin.

Martin erzählt den Traum gleich beim Frühstück. Papa streichelt ihm über den Kopf und wuschelt lieb in seinen Haaren herum wie Martin das so gerne hat. Vielleicht sollten wir wieder einmal ins Kino gehen, damit du auf andere Gedanken kommst?, schlägt Papa vor.
Gute Idee, findet Martin. Aber auch ein Meerschweinchen würde mich zum Beispiel sofort auf andere Gedanken bringen! Schlaumeier, sagt Papa und zupft an Martins Ohren. Mama rührt im Kakao, als gäbe es auf der Welt nichts Wichtigeres als Kakao, und sie sagt kein einziges Wort. Na ja. Martin seufzt. Dominik hat es mit seinem Struppi ja auch noch nicht ganz geschafft.

In wenigen Tagen ist Jakobs Geburtstag. Bei jedem Telefonanruf stürzt Martin hin und hofft, dass es seine Oma sei und dass sie sagt: Holt mich bitte ab, ich bin schon auf dem Flughafen. Aber es ist nie die Oma. Einmal ist es Tante Susanne, und sie erzählt irgendetwas von der Kusine Karoline (Aber nichts, was mit Schlangen oder Regenwürmern zu tun hat.).

Ein anderes Mal ist die Klinik am Apparat wegen der neuen Medikamente für Jakobs Ohren. Das nächst Mal ist es der Herr Lehrer. Wegen dem letzten Naturkunde-Test. Er möchte mitteilen, dass …. Aber natürlich hat er Martins Papa persönlich sprechen wollen, und Martin hat kein Wort verstanden, obwohl er versucht hat zu lauschen. Papa hat den Hörer mit der Hand abgeschirmt, und nach dem Gespräch hat Papa nachdenklich genickt und ist zu Mama in die Küche gegangen, und da hat Martin erst recht nichts verstanden, obwohl er am Schlüsselloch gelauscht hat. Papa hat ihn danach wieder am Ohr gezupft und gesagt: Mein Großer, statt Kino sollten wir wohl einiges über die Säugetiere nachlernen, was meinst du?

Aber Oma war nie am Telefon. Dabei sind es nur mehr drei Tage bis zu Jakobs Geburtstag!

Martin denkt nach, was er Jakob zum ersten Geburtstag schenken könnte. Die kleine Evi hat eine Rassel bekommen. Nervensägen-Instrument, sagt Dominik dazu. Oder eine Trompete. Oder eine Kindergeige?? Alle diese Geschenke haben mit Hören zu tun, und Jakobs Ohren haben zwar schon schöne Zacken aufzeichnen lassen, aber von richtigem Hören ist noch immer nichts zu bemerken. Von Mama wird er ein Bilderbuch bekommen, mit dicken Pappendeckelseiten, sodass auch ungeduldige Kinderhände schnell umblättern können. Von Papa Bauklötze zum Turmbauen und Herumwerfen. Hmmm. Und was wird wohl Oma für Jakob mitbringen? Keine Spur von Oma. Kein Anruf, kein Lebenszeichen. Sie wird doch nicht noch bis an das Ende der Welt weitergewandert sein? Das klingt zwar lustig, wäre aber tatsächlich eine Möglichkeit: Früher sind die Pilger oft von Santiago weitermarschiert bis ans Meer, an die Atlantikküste. Dort hatten sie dann nichts mehr vor sich als den weiten, weiten Blick über das Meer. Und weil hier Europa wirklich zu Ende ist, wird dieser Küstenabschnitt schon seit dem Mittelalter Finisterre genannt, Ende der Welt. Viele Pilger haben dort ihre alten Kleider ins Meer geworfen oder in den Klippen verbrannt. Sie haben im Meer gebadet – in dem kalten Atlantik, brrrr! – und dann sauber und in neuen Kleidern ein neues Leben begonnen. So erzählt man es dort am Ende der Welt. Vielleicht ist das ja wieder eine Legende, in der nur ein Körnchen Wahrheit steckt (die Regenwurm-Übertreibungsgeschichte vom Ende der Welt!) und der Rest ist geschwindelt. Zu Oma würde die Legende allerdings wirklich passen: Die würde von einem Felsen in das kalte Wasser springen, eine Runde schwimmen und erfrischt und lachend ans Ufer klettern. Von ihrer geliebten alten Trekkinghose würde sie sich nie trennen und von den guten alten Bergschuhen auch nicht. Also alte Oma in neuen Kleidern – nein. Gleiche Oma in ihren alten Kleidern? Egal. Wenn sie nur endlich da wäre….

Und dann ist der Allerheiligentag da. Erster November. Schulfrei. Friedhofsbesuch, wie alle Jahre. Ein Mooskranz auf Opas Grab. Kerze anzünden für den Opa, der in den Himmel gegangen ist und für alles, was noch kommen wird. Kleiner Rundgang, diesmal ist zum ersten Mal Jakob dabei. Im Kinderwagen. Morgen ist sein erster Geburtstag! Sonst ist alles wie immer. Nur Oma ist immer noch nicht da. Kein Anruf. Langsam mache ich mir Sorgen, sagt Mama beim Nachmittagskaffee. Ich versteh das auch nicht, sagt Papa. Telefonautomaten gibt es doch überall, sogar am Ende der Welt. Wenn sie schon auf keinen Fall ein Handy mitnehmen wollte. Wenigstens anrufen könnte sie, wenn sie schon nicht rechtzeitig kommt. Papas Stimme klingt ziemlich missmutig. Die Stimmung ist auf Null.
Ich geh' ins Kinderzimmer, sagt Martin.
Sei leise, sagt Mama wie immer, weck' Jakob nicht auf.
Alles wie immer. Aber Martin mault diesmal nicht zurück, und er lacht auch nicht über Mamas uralte Bemerkung, denn erstens ist die Stimmung auch ohne seine Kommentare schon schlecht genug, und zweitens – man kann ja nicht wissen. Irgendwann wird es doch endlich ein Lebenszeichen in Jakobs Ohren geben. Warum nicht vielleicht schon heute, am Tag vor seinem ersten Geburtstag?

Martin macht die Kinderzimmertür leise hinter sich zu. Im Zimmer ist es dämmrig, die Vorhänge sind zugezogen. Jakob schläft mit roten Backen in seinem Gitterbett. Manchmal schmatzt er leise, da träumt er bestimmt schon von seiner Geburtstagstorte. Martin schleicht auf Zehenspitzen zum Schreibtisch. Da liegt seine Geige! Der abgebrochene Hals ist wieder angeklebt, der zerbrochene Steg ist neu gemacht, neue Saiten sind aufgezogen. Alles repariert, alles wieder wie neu. Soll er sich jetzt freuen? Oder soll er sich vor den kommenden Geigenstunden fürchten? Er nimmt die Geige mit der linken Hand auf und drückt sie an sein Kinn. Ellbogen weit abgespreizt. So ist die Haltung in Ordnung, würde seine Geigenlehrerin sagen. Martin stellt sich breitbeinig hin und macht mit der rechten Hand Bewegungen, als würde er den Geigenbogen locker über die Saiten führen. Handhaltung ist in Ordnung, würde sie jetzt sagen, die Frau Miller – der Geigen-Drachen.

Der Geigenbogen fehlt. Ist nirgends zu sehen. Vielleicht war der nicht mehr zu reparieren nach der Schlacht mit dem Jaköble? Martin mag nicht mehr daran denken. Zum Glück liegt das schon fünf Wochen zurück. Keine Spur vom Geigenbogen jedenfalls. Das ist ein gutes Zeichen, ohne Geigenbogen kann man nicht spielen. Höchstens zupfen. Man könnte zum Beispiel anstatt dem Geigenkratz-Test jetzt einen Zupf-Test machen.

Es ist, als ob ein kleiner Teufel in Martins Ohr säße. Das Teufelchen wispert und kichert und gibt keine Ruhe. Zupf' doch endlich, sagt das Teufelchen. Warum nicht, denkt Martin. Ganz leise halt nur. Außerdem – der Jakob hört ja sowieso noch nichts.
Ja, ja, ja, zupf' du nur! Das Teufelchen redet jetzt schon sehr laut in Martins rechtem Ohr.
Sei leise, weck den Kleinen nicht auf, hört er Mamas Stimme ganz leise im linken Ohr. Die Teufelsstimme ist lauter. Martin schleicht an das Kopfende von Jakobs Bett. Mit Daumen und Zeigefinger zieht er die G-Saite hoch, so hoch, dass sie ganz stark gespannt ist, und dann lässt er sie schnalzen. Zzzzzzzupf! Ein sauberes knallig-lautes G hüpft von der Geige direkt auf Jakobs Ohr. Martin steht wie versteinert da. Was tut er denn da? So eine Gemeinheit! Ist der Teufel in seinem Ohr denn verrückt geworden? Soll er noch einmal den ganzen Ärger haben und das schlechte Gewissen und dann noch das eigene Mitleid mit dem Jaköble???

Jakob macht die Augen auf. Mit seinen kleinen Fäusten reibt er sich erst die Augen, dann die Ohren. Die Ohren glühen. Jakob setzt sich auf und schaut Martin an. Ganz erstaunt schaut er seinen großen Bruder an. Dann greift er sich noch einmal an die Ohren. Und schaut wieder zu Martin. Jetzt kichert das Teufelchen in Martins Ohr, aber es klingt nicht teuflisch sondern himmlisch! Jakob, sagt Martin leise, Jakob, hör einmal: Zupf, zupf, zupf. Ganz leise diesmal. Himmlisch. Zartes G-G-G.
Jakob ist total aufgeregt. Er gluckst und schnauft und keucht. Er zieht sich an den Gitterstäben hoch und schaut oben über das Gitter drüber, erst seit wenigen Tagen kann er das: allein aufstehen im Gitterbett. Nur Nase und Äuglein schauen über das Gitter, und dann lässt Jakob die Sprossen los und patscht in die Hände: Mehr, noch mehr, soll das wohl heißen, Martin versteht das gleich und zupft. Zupf, zupf, zupf. Töne wie Bussis. Himmelsmusik. Da kann sich der Kleine nicht mehr halten und plumpst zurück auf seinen Windelpopo.
A-ti, sagt er.
Jetzt muss sich Martin hinsetzen. Gleich auf den Fußboden vor das Gitterbett. Seine Augen gleich neben Jakobs nackten Zehen. Seine Geige umarmt er wie einen Schatz.

Jakob beugt sich vor, streckt seine dicken Arme durch die Gitterstäbe und will auch Geige zupfen. Oder will er seinen Bruder an den Ohren zupfen?
A-ti, sagt er noch einmal.
Papa und Mama sind unhörbar leise in das Kinderzimmer gekommen und stehen hinter ihren Buben. Mama rinnen die Tränen über das Gesicht, und Papa schluckt und drückt an einem unsichtbaren Knödel in seiner Kehle herum, es klingt wie Jakobs früheres Glucksen.
A-ti, sagt der jetzt schon zum dritten Mal.
Das Wunder. Ein kleiner Bub ohne Gehör und ohne Stimme. Taubstumm. Das schreckliche Wort in Martins Kopf wird kleiner und kleiner, wird unsichtbar, unhörbar und verschwindet. Ein neues Wort ist da. Es ist nur ein sehr kurzes Wort. Es bedeutet alles, es bedeutet Martin und Bruder und Geige, und es bedeutet Jakob kann hören und Jakob kann reden. Ein Traum. Ein Wunder. Manchmal soll der heilige Jakobus selber noch unterwegs sein. Und der Jakobsweg ist überall, auch vor deiner Haustür.

Allerseelentag. Jakobs erster Geburtstag. Schon das Frühstück ist ein Fest. Jakob mampft Schokoladentorte. Jakob schmeißt Bauklötze durch die Küche. Jakob sagt A-ti. Alle lachen und sind übermütig. Mit dem Buch warten wir noch, sagt Mama, solange er so schokoladeverschmierte Hände hat, bekommt er es nicht! Oh Schreck, Martin hat ja noch gar kein Geschenk. Seine einzige Rettung wäre, wenn jetzt Oma käme und ihm aus der Patsche helfen würde. Aber weiterhin kein Lebenszeichen von Oma. Nach dem Frühstück kommt ein Anruf von Dominik: Ob Martin nicht kommen will, ein bisschen spielen? Geh nur, sagt Mama. Spielt nur schön, und zu Mittag bist du wieder da.

Da ist dem Dominik eine Super-Überraschung gelungen: Struppi ist da!
Auf der Terrasse rollt ein Knäuel aus Armen, Beinen und Pfoten herum, und zwei struppige Köpfe tauchen zeitweise aus diesem Knäuel auf. Da wird gelacht und gebellt und gekreischt. Dominik tobt mit dem neuen Familienmitglied herum. Dann kommt die kleine Schwester angekrabbelt mit ihrem Schnuller im Mund. Den Schnuller schnappt sich der Struppi sofort und haut damit ab. Evi plärrt, die Buben johlen, der

Hund jault und kläfft, und die Mutter schreit: Seid ihr denn alle tollwütig geworden? Jawohl, der Struppi passt in die Familie. Es wird ein lustiger Vormittag. Struppi läuft den Kindern nach und versucht, ihre Jeans zu schnappen. Er beißt in ihre Schuhe, er springt an ihnen hoch, er ist einfach süüüüß! Schau, Martin, wie der schon gehorcht!, ruft Dominik, und dann brüllt er: Sitz! Platz! Kusch! Komm her! Geh Fuß! Struppi folgt nicht im Geringsten. Er flitzt herum, wirft den Schirmständer um, zerreißt die Strümpfe an Mamas Beinen und zerbeißt das Telefonkabel. Großartig, ruft Martin begeistert. Der Struppi ist ein vollwertiges Mitglied dieser Familie. Martin haut seinem Freund anerkennend auf die Schulter. Dabei macht er eine Entdeckung: Da ist kein Ohrstöpsel mehr in Dominiks Ohr. He, warum?, fragt Martin. Dominik greift sich ans Ohr: Tatsächlich – nix mehr da. Er krabbelt ein bisschen suchend auf dem Boden herum, aber da ist nichts zu finden. Struppi schaut interessiert zu und leckt sich die Schnauze.
Hallo, Hund, hast du meinen Sender gefressen?
Struppi leckt noch einmal über seine Schnauze und sagt wufff.

Na denn, grinst Dominik. Geht ja auch so. Ohne Stöpsel. Nur leider – ein Geschenk für Jakob gibt es jetzt nicht mehr. Das befindet sich vermutlich in Struppis Bauch.

Fast hätte Martin das Nachhausegehen vergessen. Zum Glück hat Papa angerufen: Martin, komm' schnell heim. Oma ist da!
Im Vorzimmer steht Omas Rucksack mit der großen Pilgermuschel obenauf. An der Garderobenwand hängt ihr alter Anorak und der schwarze Pilgerhut. Die alten, guten Bergschuhe stehen säuberlich, nein, recht staubig, darunter. Eine große rote Plastiktasche hängt glänzend am Kleiderhaken, da steht ‚duty free' drauf. Aha, das kennt Martin schon von Papas Reisen: Eine Tasche aus dem Flughafen-Shop, da sind immer tolle Überraschungen drin! Martin wirft seinen Anorak auf den Sessel und stürmt in die Küche. Da sitzt Oma und hat Jakob auf dem Schoß. Martin fliegt seiner Oma an den Hals und hätte fast beide vom Sessel gerissen. Ganz fest umarmt er sie, die Oma und seinen kleinen Bruder.

A-ti, sagt der Kleine wieder, so, als müsse er seinen großen Bruder Martin vorstellen. Genauso schön haben sich alle das Wiedersehen vorgestellt! Nein, eigentlich ist alles noch schöner als die Vorstellung. Oma ist gut zurück, nach mehr als tausend wacker marschierten Kilometern, nach sechzig Tagen auf dem Jakobsweg! Sie ist gleich vom Flughafen mit dem Taxi hergefahren ohne anzurufen. Am Ende der Welt war sie natürlich vorher auch noch, die Oma! Finisterre – dort wo man nur Meer vor sich sieht, am Ende des Kontinents! Sie ist eine Runde im großen Atlantik geschwommen. Aber das soll alles später ausführlich erzählt werden, auch von den letzten Tagen der Pilgerreise, von der feierlichen Pilgermesse in der großen Kathedrale in Santiago de Compostela, wo während der Heiligen Messe ein riesiges Weihrauchfass durch das Kirchenschiff geschwungen wird; vom Wiedersehen mit der Esel-Familie aus Kanada, von den Mexikanern mit dem großen Holzkreuz und von der letzten Herberge, wo es Wiedersehen und Abschied zugleich gab für die Pilger, die ihren Tausend-Kilometer-Marsch gut zu Ende gebracht haben, mit Spaghetti und Rotwein und vielen Umarmungen. Wird später alles ausführlich erzählt!, verspricht Oma noch einmal.

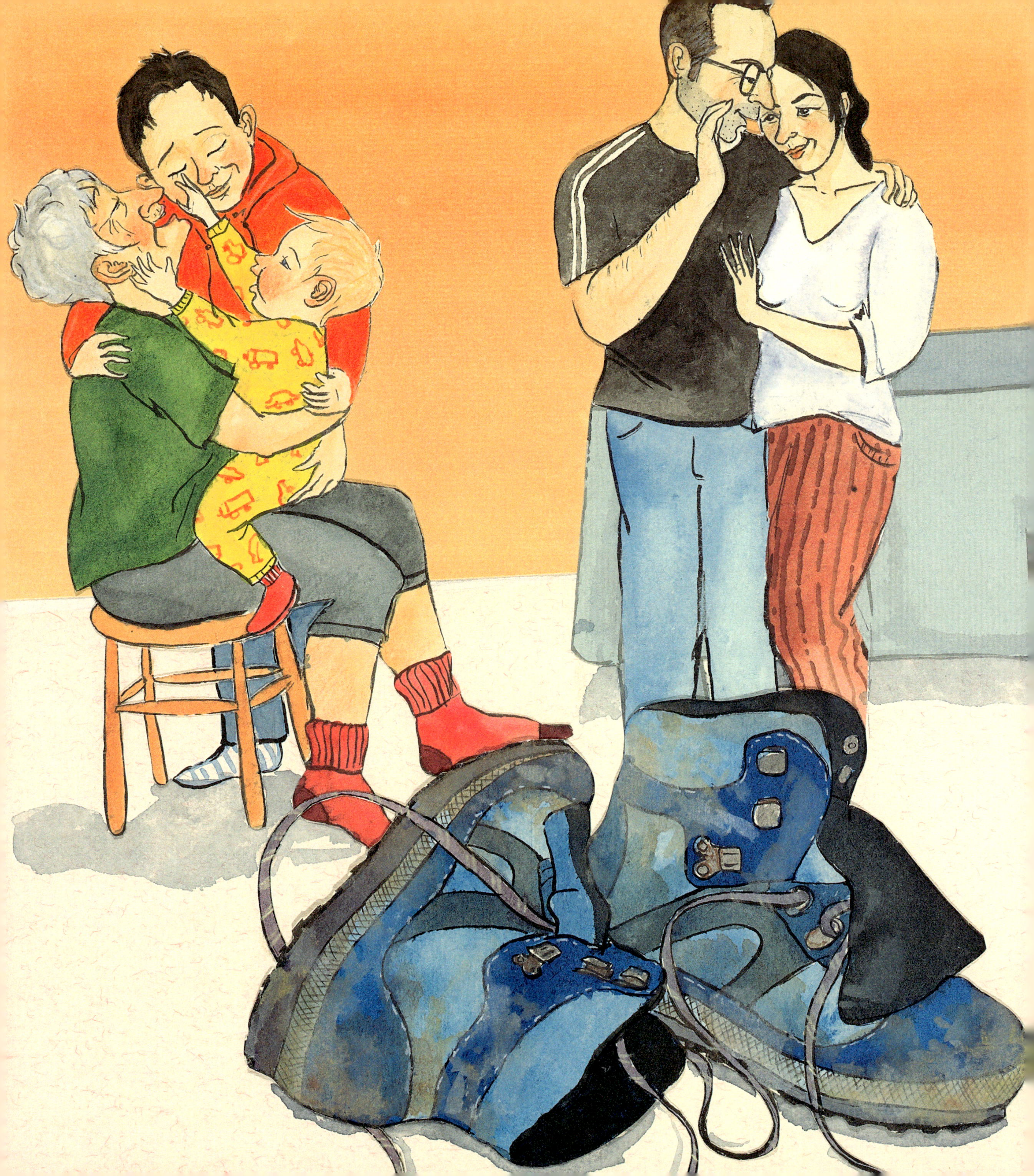

Zuerst zu den Geschenken! Das allerschönste Geschenk ist, dass die Wunder-Geschichte in Erfüllung gegangen ist. Die Legende von dem kleinen Buben aus dem spanischen Dorf El Burgo Raneros, wo dem Kind Gehör und Sprache geschenkt worden sind und wo die Frösche in Jubelchören singen. Ein großes Wunder ist geschehen! Wunderbar, wundervoll, zu bewundern, zum wundern - einfach wunder-wunderschön! Vor ein paar Wochen hat Martin über die wunderlichen Wortspiele noch verächtlich gelächelt, jetzt ist ihm wundersam feierlich zumute. Ein Wunder ist ein Geschenk. Mama muss sich die Augen wischen vor Rührung und die Nase putzen. Sie trompetet ein ‚Hatschi' in ihr Taschentuch. Papa und Martin werfen sich Blicke zu: Olifant!

Oma fischt aus der Duty-free-Tasche einen großen grünen Plüsch-Frosch für Jakob heraus. Wenn man auf dessen Bauch drückt, macht er ‚croack-croack' wie ein englischer Frosch! Jakob kugelt sich vor Lachen, er drückt, ‚croack', er lauscht, und dann versucht er das Froschwort nachzusprechen. O-a. O-a. Oder soll das vielleicht Oma heißen?

Als Geschenk für Papa und Mama kommt roter Rioja-Wein zum Vorschein. Nur für Martin – leider, leider … Oma macht ein bedauerndes Gesicht, aber Martin glaubt ihr natürlich sowieso nicht. Ein länglicher Gegenstand ist da noch in der roten Tasche: Eine Schalmei! He, Jakob, alles Gute zum Geburtstag, die Schalmei ist für uns beide! Wo hast du denn die aufgetrieben, Oma? Wie hast du gewusst, dass sich Martin eine Schalmei wünscht? Wie spielt man denn die? Muss man dazu auch in die Musikstunde gehen? Fragen, Fragen, Fragen. Späße, Gelächter. Und nicht mehr das kleinste bisschen Angst. Vor gar nichts mehr Angst. Nur Glück. Aus dicken Backen gepustet und geprustet: Glinggg-glonggg-Glück. Du wirst schon irgendwie herausfinden, wie man eine Schalmei bläst, so, dass liebliche Töne herauskommen, sagt Oma. Bei ‚lieblich' blinzelt sie Papa zu. Kein Wort mehr von der Geige.

Ein Geschenk musst du dir morgen selber aussuchen, Martin, das konnte ich dir einfach nicht mitbringen: Ein Meerschweinchen im Flugzeug – das wäre doch keine gute Idee gewesen, oder? Aber hier ist noch etwas anderes: Ein Sack voller Jakobsmuscheln, schimmernde, schillernde Muscheln, Glücksbringer für dich und für alle, die du lieb hast und die dich lieb haben. Da bekommt Martin vor lauter Freude Ohrensausen und ganz dicke rote Ohren und nasse Zwinkeraugen und einen so riesengroßen Knödel im Hals, dass er erst sieben Mal schlucken muss, bis er endlich w u n d e r b a r!! schreien kann!

ATLANTIK
LA CORUÑA
LUGO
SANTIAGO DE COMPOSTELA
GALICIA
FINISTERRE
LEÓN
LEÓN
EL BURGO RANEROS
SAHAGÚN
FRÓMISTA
PALENCIA
CAMINO DE SANTIAGO
PORTUGAL
ESPAÑA